企业并购战略中的制度距离及其应对策略

QIYE BINGGOU ZHANLÜE ZHONG DE ZHIDU JULI JI QI YINGDUI CELÜE

王朝辉 著

中国航空工业集团公司西安航空计算技术研究所

西安交通大學出版社
XI'AN JIAOTONG UNIVERSITY PRESS

图书在版编目(CIP)数据

企业并购战略中的制度距离及其应对策略／王朝辉著.—西安：西安交通大学出版社,2024.1

ISBN 978-7-5693-3532-3

Ⅰ.①企… Ⅱ.①王… Ⅲ.①企业兼并—研究 Ⅳ.①F271.4

中国国家版本馆 CIP 数据核字(2023)第 214213 号

书　　名 企业并购战略中的制度距离及其应对策略
著　　者 王朝辉
责任编辑 柳　晨
责任校对 赵怀瀛
封面设计 任加盟

出版发行 西安交通大学出版社
(西安市兴庆南路 1 号　邮政编码 710048)
网　　址 http://www.xjtupress.com
电　　话 (029)82668357　82667874(市场营销中心)
(029)82668315(总编办)
传　　真 (029)82668280
印　　刷 西安五星印刷有限公司

开　　本 700 mm×1000 mm　1/16　**印张** 11.375　**字数** 148 千字
版次印次 2024 年 1 月第 1 版　2024 年 1 月第 1 次印刷
书　　号 ISBN 978-7-5693-3532-3
定　　价 98.00 元

如发现印装质量问题,请与本社市场营销中心联系。
订购热线:(029)82665248　(029)82667874

序 言

并购是企业进行快速扩张的重要战略手段，跨境并购则是企业快速实现全球扩张的重要战略手段。全球战略管理大师迈克尔·A.希特(Michael A. Hitt)教授在其著作《战略管理：竞争与全球化》中对企业并购战略进行了全面论述，并强调了文化差异对并购的重要影响。从制度理论的角度出发，无论是文化、道德等非正式制度的差异，还是法律、法规等正式制度的差异，都对企业跨境并购产生了深刻而广泛的影响。制度距离对企业跨境并购的影响是企业并购战略领域长期关注的问题，最早的研究可以追溯到20世纪90年代。长期以来，制度理论在并购战略领域中的应用多以发达国家的实践为基础，随着发展中国家的跨境并购活动愈加繁荣，许多研究发现，基于发达国家实践的传统制度理论并不能很好地解释制度距离对发展中国家企业跨境并购的影响。因此，制度理论亟待更新。

本书的研究在梳理以往制度距离消极作用相关理论的同时，发展了制度距离积极作用的相关理论，并在此基础上引入企业知识理论，深入剖析了正式制度距离和非正式制度距离的区别，以及这种区别带来的不同作用，进而构建了制度距离动态影响企业跨境并购绩效的理论体系。本书的理论成果在制度理论和企业并购战略领域取得了实质性的理论突破。

本书为读者提供的新增核心价值有：

①制度距离具有的两项积极作用及其原理；

②正式制度距离和非正式制度距离的区别及其造成的异质性作用；

③制度距离对企业跨境并购绩效的动态性影响及其原理；

④企业应对制度距离的策略及宏观政策建议。

本书适合管理学、经济学及其他社会科学领域硕士生、博士生及研究人员阅读、使用。

由于笔者能力有限，本书难免存在不足之处，欢迎广大读者批评指正。

笔者

2023 年 10 月

目　　录

第1章 绪 论

1.1 研究背景

1.1.1 中国企业已进入全面国际化阶段，跨境并购成为全球扩张的重要手段

相比于西方发达国家的企业，中国企业的国际化起步较晚。改革开放以来，随着中国企业不断发展壮大，企业走出去、将业务扩展到全世界的需求越来越强。企业走出去的动机是多方面的。内因方面，寻求市场机会可以发展新的业务增长点、增加企业财富，寻求矿产等资源可以保障工业生产的原材料供应，寻求先进技术可以帮助中国企业进一步升级产业并发展自有技术。外因方面，外国企业对中国企业的长期竞争打压、技术封锁是主要原因，这使得中国企业长期处于价值链的低端，中国企业付出了大量的劳动力、消耗了大量能源，但是赚取的利润却很少。为了发展自身、取得竞争优势，中国企业必须要进行国际化。

长期以来，新建投资（也叫绿地投资，greenfield investment）和跨境并购是两种主要的对外投资方式。相比于新建投资，跨境并购的进入风险低，且扩张速度快，已成为中国企业重要的国际化手段之一。中国企业的跨境并购浪潮始于“走出去”战略。2000年第九届全国人民代表大会第三次会议正式提出“走出去”战略，党的十五届五中全会最终明确了“走出去”战略，随后“走出去”战略在“十一五”

期间得到全面落实。如果说“走出去”战略开启了中国企业的国际化之路，那么“一带一路”倡议则助力中国企业进入全面国际化阶段。2013 年，习近平主席提出了建设“新丝绸之路经济带”和“21 世纪海上丝绸之路”的合作倡议，2015 年 3 月，国家发展改革委、外交部、商务部联合发布了《推动共建丝绸之路经济带和 21 世纪海上丝绸之路的愿景与行动》文件，正式开启了全球“一带一路”合作。“一带一路”合作通过“五通发展”(政策沟通、设施联通、贸易畅通、资金融通、民心相通)为中国和广大发展中国家企业提供了全面国际化的绝好条件。

从经济数据上来看(见图 1-1)，中国企业的跨境并购规模自 2005 年开始快速增长，2005—2016 年，中国企业的跨境并购总额随着对外直接投资总额波动上升，2016 年中国对外直接投资总额达到 1961.5 亿美元的历史新高，其中跨境并购总额为 1353.3 亿美元。2016—2020 年，中国企业的跨境并购规模伴随着对外直接投资总额出现下滑趋势，这与世界经济的逆全球化、美国政府孤立主义形势有重要关系。2012—2020 年，中国的对外直接投资总额长年保持世界前三，2020 年中国的对外直接投资总额跃居世界第一，占当年全球对外投资总额的两成，中国的对外直接投资已经对世界经济产生了极其重要的影响，这其中跨境并购的作用举足轻重。2003—2020 年，中国的对外直接投资总额为 15767.9 亿美元，其中 46.3%由跨境并购实现，规模达 7301.7 亿美元。

从跨境并购交易数量上来看(见图 1-2)，中国的跨境并购交易数量自 2007 年开始出现高速增长，2003—2017 年，中国企业的跨境并购交易数量呈波动上升趋势，2018—2021 年中国的跨境并购交易数量呈下降趋势。2003—2021 年，中国企业发生跨境并购交易数量合计 3690 起，其中已完成交易有 1930 起，占比 52.3%，有近一半的跨境并购交易未能达成。综合交易总额和交易数量的变化情况，可见跨境并购作为境外扩张的重要手段广受中国企业的青睐。

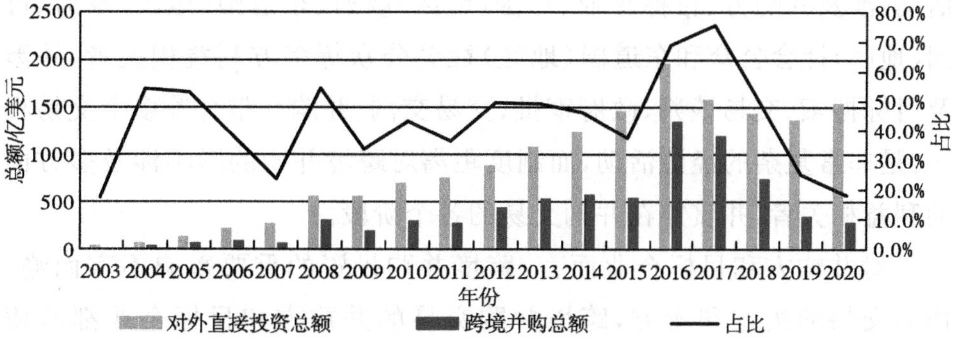

数据来源：官方发布的各年度《中国对外直接投资统计公报》。

图 1－1　中国对外直接投资与跨境并购总额

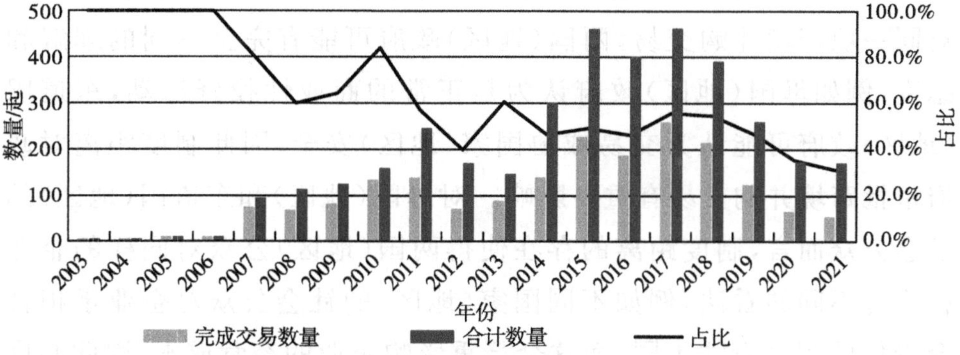

数据来源：万得数据库。

图 1－2　中国企业跨境并购数量

1.1.2　国家(地区)间的差异导致跨境并购成本高昂,制度距离作用巨大

跨境投资、跨境经营活动受到国家(地区)间各种差异的影响,例如地理距离、经济距离、制度距离等,对跨境经济活动而言,制度距离的影响是最大的,因为一个国家(地区)的制度体系约束着经济活动的方方面面,制度体系的差异会给企业跨境投资、跨境经营带来巨大的障碍,

也包括跨境并购这种投资活动。跨境并购交易通常是企业的大型投资活动，涉及并购方、目标企业、母国（地区）政府、东道国（地区）政府、母国（地区）社会公众和东道国（地区）社会公众等多方利益相关者，并涉及目标搜索、交易谈判、政府审批、交易交割、并购后整合等多个交易程序，是非常复杂的经济活动，而制度距离对跨境并购的影响涉及多方面的利益相关者，并贯穿在并购交易的各个阶段。

对并购方和目标企业而言，跨境并购投资的重要影响不言而喻。作为交易的买方和卖方，跨境并购交易的并购方和目标企业都希望能够制定合理的交易价格，但是制度距离的存在导致双方对企业价值的判断有不同取向，因此对交易定价造成困难。对跨境并购交易的母国（地区）政府和东道国（地区）政府而言，因为制度距离的存在，对同一项跨境并购交易，两国（地区）政府可能有完全不同的理解和态度，例如母国（地区）政府认为是正常的商业性投资活动，东道国（地区）政府可能认为交易威胁国家（地区）安全，因此制度距离对政府审批跨境并购交易有重要影响。对母国（地区）和东道国（地区）的社会公众而言，制度距离的存在使得两国（地区）公众对同样的企业行为有不同的看法，例如不同国家（地区）的社会公众对企业承担社会责任的程度看法不同，而这会严重影响企业的经营成本，因此制度距离对跨境并购后的企业经营活动有直接影响。

在并购方的意向阶段，并购方首先要选定并购目标。无论是有预定目标，还是无预定目标，对目标的评估、筛选都需要在异质性制度体系中收集信息、分析信息，制度距离加大了信息收集和分析的难度，进而也提高了相关活动的成本，这些成本既有资金成本，也有时间成本。在并购双方的谈判阶段，并购方和目标企业会协商交易条款，制度距离的存在一方面影响双方的沟通效率，另一方面也影响双方的相互信任，导致双方在交易条款上达成一致的难度较大。在并购后阶段，制度距离对并购后整合的影响是巨大的，而并购后整合直接关系到合并经营的成功与否。无论是文化理念、语言差异,还是经营惯例、社会惯例差异,这些方面的制度距离都直接影响并购双方是否能高效的协同运作。

1.1.3 已有研究对制度距离如何影响企业跨境并购绩效仍存在严重分歧和认识不足

有关制度距离影响企业跨境并购绩效的研究可追溯至1994年[1],早期的研究主要关注制度距离对企业跨境并购后经营业绩、跨境并购宣告的市场反应的影响,并主要关注非正式制度距离(文化距离)的影响。随着研究的深入发展,正式制度距离的作用逐渐受到关注,并且对跨境并购活动的考察也扩大到跨境并购所有权策略、跨境并购成败、跨境并购时长(或称跨境并购交易持续时间)、跨境并购溢价等方面。经过长期发展,已有研究发现了制度距离的多种影响机制。支持制度距离有消极作用的研究指出:制度距离加剧了并购方的合法性缺失问题,会导致东道国(地区)政府对跨境并购交易进行更严苛的审查[2-3];制度距离造成了严重的信息不对称问题,对交易双方的信息搜索、信息分析、沟通和相互信任均有不利影响[4-5];制度距离提升了环境复杂度,提高了跨境并购交易的成本和风险[6-7];制度距离导致交易双方对企业价值的判断取向不同,因此造成定价困难[8-9];制度距离加剧组织内冲突,造成并购后整合困难,提高了并购整合的成本[3, 10];制度距离阻碍资源在并购方和目标企业之间转移,削弱了协同效应[11];制度距离加剧了跨境经营的委托代理问题[12]。支持制度距离有积极作用的研究指出:企业在制度距离较大的东道国(地区)可以获得异质性的资源[13-14];制度距离使企业可以进行制度套利,利用不同制度体系的比较优势[15];制度距离可以促进并购双方进行文化互补,提高协同效应[16-17];制度距离可以促进企业的学习行为,激励企业创新[18-19]。

现有研究对制度距离影响跨境并购绩效的作用进行了广泛的讨论，但关于制度距离究竟是发挥有利作用还是不利作用仍然存在严重分歧，尚无一致的理论逻辑来建立一个统一的框架解释制度距离对跨境并购绩效的影响，因此现有研究也充斥着大量相互矛盾的结论。除此之外，现有研究还存在其他不足。首先，现有研究对制度距离积极作用的理论分析不够深入，无论是制度套利理论，还是获得异质性资源的观点，相关分析都尚未形成理论体系。现有研究的这些不足导致企业难以全面认识制度距离，更遑论利用制度距离的积极作用。其次，现有研究虽然将制度距离在概念上区分为正式制度距离和非正式制度距离，但是在理论分析中却将两者视为同质，具体表现为使用同样的理论逻辑解释正式制度距离和非正式制度距离的影响机制，然而已有的实证分析结论却常常指出正式制度距离和非正式制度距离的影响不同。上述理论盲点很可能是进一步发展现有制度理论的突破口。

1.2 研究问题与概念

1.2.1 研究问题

从实践背景和理论背景出发，结合现有研究存在的不足，本书将深入研究以下问题：制度距离究竟如何影响企业跨境并购绩效；能否进一步发展制度理论，以一个一致的理论逻辑建立制度距离作用的统一框架，解决现有研究结论冲突的问题。

基于对前人研究的分析，本书认为目前对制度距离的作用认识不足、现有研究结论互相冲突及现有理论不能良好解释发展中国家跨境并购活动的问题，其根源在于现有的制度理论已经不能适应快速发展的新实践，应该对制度理论进行进一步发展。本书将通过拓展制度理论，建立制度距离作用的统一框架，为实现此目标，本书将引入新的理论,并以动态视角分析制度距离的作用。

1.2.2 核心概念界定

1)制度距离

制度距离(institutional distance)的概念最早由科斯托娃(Kostova)[20]提出,用来描述两个不同制度体系之间的差异,制度距离实际上就是制度差异的另一种说法。制度距离的概念是建立在制度的概念之上的,经济学中制度的概念经历了几个阶段的演进。经济史学学者诺思(North)[21]在其具有重要影响力的著作《制度、制度变迁与经济绩效》中提出,制度(institution)是一个社会中的游戏规则,是人为制定的限制,用以约束人类的互动行为。诺思将制度分为正式制度和非正式制度,正式制度例如法律法规、契约等,是社会中的强制性规则,非正式制度例如文化习俗、惯例和礼仪等,是社会中的非强制性规则。随后,斯科特(Scott)[22]构建了"三支柱"的制度模型,将制度分为管制制度、规范制度和认知制度三个支柱。管制制度是强制性的规则,如法律、政策等,其作用受到政府的强制性权力保障;规范制度是一种约束性期待,如社会责任、价值观、信仰等,其作用更多受到道德约束的支持;认知制度是社会群体共享的共同信念、共同逻辑、共同认识等,其作用主要依靠可理解、被认可的文化支持实现。在前两者的基础上,奔(Peng)[23]将管制制度归类为正式制度,将规范制度和认知制度归类为非正式制度,进一步完善了制度框架。奔提出的制度框架沟通了正式制度/非正式制度的两分类模型与"三支柱"制度模型,受到广泛认可。对应于制度框架,制度距离也分为正式制度距离和非正式制度距离,以及管制制度距离、规范制度距离和认知制度距离。从以往研究的情况来看,实证分析中大多数研究采取了正式制度距离和非正式制度距离这种两分类概念框架。另外,非正式制度通常使用文化来度量,因此非正式制度距离也常被称为文化距离。

本书研究的制度概念沿用诺思的定义:制度是一个社会中的游戏规则,是人为制定的限制,用以约束人类的互动行为。依据此定义,制度就是规则。将此概念应用在组织层面,组织制度便是组织内拥有的规则;将此概念应用在国家(地区)层面,国家(地区)制度便是整个国家(地区)的社会具有的规则。因此,本书将国家(地区)制度定义为:一个国家(地区)的社会拥有的所有规则的总和。沿用诺思对制度的分类,本书也将制度分为正式制度和非正式制度,正式制度由社会中的正式规则组成,具有强制性约束力;非正式制度由社会中的非正式规则组成,具有非强制性约束力。

在制度概念的基础上,制度距离指的是两组不同规则之间的差异。对国家(地区)制度而言,制度距离是两个国家(地区)的规则体系之间的差异。相应的,国家(地区)间正式制度距离指的是两个国家(地区)的正式规则体系之间的差异;国家(地区)间非正式制度距离指的是两个国家(地区)的非正式规则体系之间的差异。本书研究的制度距离是国家(地区)层面的制度距离,即国家(地区)间制度距离(以下简称制度距离)。

2)企业跨境并购绩效

企业跨境并购绩效的概念随着相关研究的深入不断发展。早期研究中,对并购绩效的衡量主要使用事件研究法,并购绩效指的是股票市场对并购宣告的反应[24],也叫并购宣告收益[25],涉及的并购可能已经完成,也可能尚未完成,取决于研究者的样本选取偏好。由于并购经常被市场视作利好消息,很多研究也都发现企业在宣告并购交易后一定时期内取得了正向的超额股票收益,因此这种“凭空”为股东创造价值的现象被一些研究者称为并购的价值创造效应[10]、并购的股东财富效应[26]。

随着并购研究对并购整合、合并经营的协同效应等问题的重视,事件研究法的不足暴露出来。并购后整合、合并经营是一个漫长的过程，事件研究法则通常观察较短时期内的市场反应，因此许多研究开始使用并购后经营业绩（或称并购后经营绩效）来度量并购绩效。并购后经营业绩通常由会计指标计算，不同的研究关注的重点不同，有分别关注盈利能力[27]、现金流量[28]等方面的，也有综合多个方面财务指标进行讨论的[29]，不一而足。这种使用会计指标构建经营业绩来度量并购绩效的方法也被称作会计研究法[30]。有部分研究使用问卷数据考察并购活动，此类研究使用管理层的判断来衡量并购后经营业绩[31]。另外，一些研究也使用数据包络分析方法（DEA）评价并购后经营业绩[32]。

并购宣告的市场反应与并购后经营业绩既有相同，也有区别。并购宣告的市场反应的本质是投资者对企业并购后绩效表现的预期，本质上衡量的是企业并购后阶段的绩效表现。并购后经营业绩也是企业并购后阶段的绩效表现，只不过并购后经营业绩使用企业实际经营结果来衡量，通常表现为经营结果的财务指标或管理层判断。两者的另一个区别是，并购后经营业绩考察的时间通常长于并购宣告的市场反应时间。

随着并购研究的进一步发展，对企业并购活动的考察不再停留在对并购宣告收益、并购后经营业绩的讨论上，一些研究开始关注并购前阶段的行为，如并购决策、并购时长、并购成败①等，并购绩效的概念也随之扩展。有研究将并购成败、并购宣告收益和并购后经营业绩统称为并购绩效[27, 33]，也有研究将并购成败、并购时长、并购宣告收益和并购后经营业绩统称为并购绩效[34]，有研究进一步将并购成败和并购时长统称为并购前阶段绩效，将并购宣告收益和并购后经营业绩作为并购后阶段绩效[35-36]。

参考前人研究，本书研究的企业跨境并购绩效包括并购前阶段

① 并购成败也被称作并购完成[83]，指的是并购交易是否达成。

绩效和并购后阶段绩效，其中并购前阶段绩效是跨境并购成败和跨境并购时长，并购后阶段绩效是跨境并购后经营业绩。

本书研究的跨境并购的各阶段如图 1－3 所示。以跨境并购交易达成或失败的时点为界，此时点及之前为并购前阶段，此时点之后为并购后阶段。交易达成指的是并购交易完成交割手续，交易标的的所有权已经从卖方转移到买方；交易失败指的是交易未达成并宣布终止；一项跨境并购交易最终会呈现出达成或失败两种状态之一。本书研究的跨境并购成败指的是跨境并购交易最终是达成还是失败。本书研究的并购前阶段从跨境并购交易的首次公告时点开始，至跨境并购交易达成或失败的时点结束[①]，这一阶段是交易双方谈判、推进交易的重要时期。首次并购公告时点至并购交易达成或失败的时点之间的时长即本书研究的跨境并购时长。对于并购前阶段绩效，并购交易达成好于并购交易失败，并购交易时长越短越好，因为无论是交易达成还是失败，更短的交易时长都意味着更低的交易成本和风险（或不确定性）。本书研究的跨境并购后经营业绩包括短期经营业绩和长期经营业绩，并购后长期和短期之间还可能存在一个过渡时期。

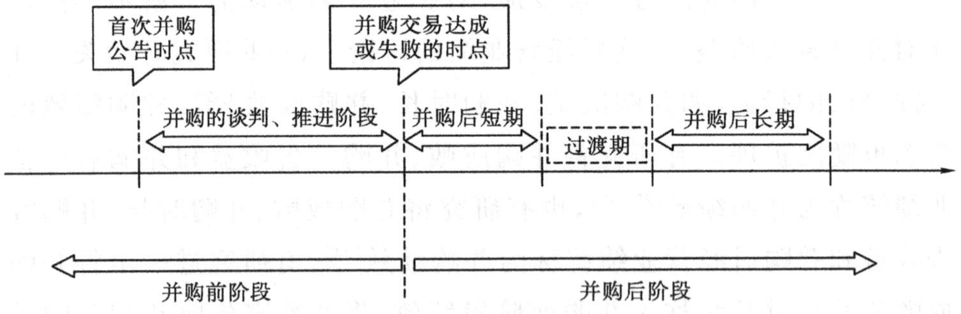

图 1－3　企业跨境并购阶段

① 交易达成的日期数据来源于并购公告、企业年报中披露的交割完成日期，以及企业年报中披露的按照会计准则界定的并购交易的购买日期。交易失败日期数据来源于并购公告和企业年报中披露的交易终止日期。

1.3　研究方法

本书采用理论分析与实证分析相结合的研究方法。

理论分析部分使用组织合法性理论、信息不对称理论、制度套利理论、技术扩散理论和企业知识理论等分析制度距离的作用，并构建制度距离动态影响企业跨境并购绩效的理论体系。

实证分析综合运用描述性统计、相关性统计、多重共线性分析、Logit 回归、Probit 回归、OLS 回归、工具变量两阶段回归、处理效应模型等方法。各实证方法的具体情况如下。

①描述性统计、相关性统计和多重共线性分析。本书使用描述性统计方法观察了回归模型中各变量的基本情况，使用相关性统计方法分析了各变量之间的线性相关性，在此基础上进一步对控制变量进行了多重共线性分析。这三项基本统计分析展示了样本、变量的基本情况，为后续的回归分析做好了数据准备。

②Logit 回归和 Probit 回归。本书考察跨境并购成败的模型的被解释变量为二值虚拟变量，因此本书使用 Logit 回归方法来考察制度距离对跨境并购成败的影响，并使用 Probit 回归方法进行稳健性检验。

③OLS 回归。OLS 为普通最小二乘法回归分析，该方法是计量领域常用的方法之一。本书使用 OLS 回归考察制度距离对企业跨境并购时长、跨境并购后阶段绩效的影响，因为这两个问题的被解释变量均为连续变量。

④工具变量两阶段回归。本书使用工具变量两阶段回归来检验遗漏变量相关的内生性问题。工具变量两阶段回归根据回归估计程序的不同有多个版本，因为 Logit 估计程序暂无这一方法可用，因此本书对被解释变量为二值虚拟变量的模型使用工具变量 Probit 回归（IV Probit 回归）方法，对被解释变量为连续变量的模型使用工具变

量两阶段最小二乘回归(IV 2SLS 回归)方法。

⑤处理效应模型。本书使用处理效应模型来检验“自选择”情形的内生性问题。处理效应模型根据回归估计程序的不同有多个版本,鉴于和工具变量两阶段回归中类似的技术问题,本书对被解释变量为二值虚拟变量的模型使用基于 Probit 估计程序的处理效应模型,对被解释变量为连续变量的模型使用基于 OLS 估计程序的处理效应模型。

1.4 研究框架

本书的研究框架如图 1-4 所示。

1.5 本章小结

中国企业已进入全面国际化阶段,跨境并购成为其全球扩张的重要手段。国家(地区)间的差异导致企业跨境并购成本高昂,这其中制度距离的作用巨大。已有研究对制度距离如何影响企业跨境并购绩效仍然存在严重的分歧和认识不足。对此,本书将进一步拓展制度理论,以动态视角建立制度距离作用的统一框架,探究制度距离究竟如何影响企业跨境并购绩效。本书所研究的制度距离,是指两个国家(地区)的规则体系之间的差异。本书研究的企业跨境并购绩效包括并购前阶段绩效和并购后阶段绩效,其中并购前阶段绩效是跨境并购成败和跨境并购时长,并购后阶段绩效是跨境并购后经营业绩,跨境并购后经营业绩又包括短期经营业绩和长期经营业绩。本书采用理论分析与实证检验相结合的研究方法,理论分析涉及的主要理论有组织合法性理论、信息不对称理论、制度套利理论、技术扩散理论和企业知识理论等,实证检验采用的主要实证方法有描述性统计、相关性统计、多重共线性分析、Logit 回归、Probit 回归、OLS

回归、工具变量两阶段回归、处理效应模型等。

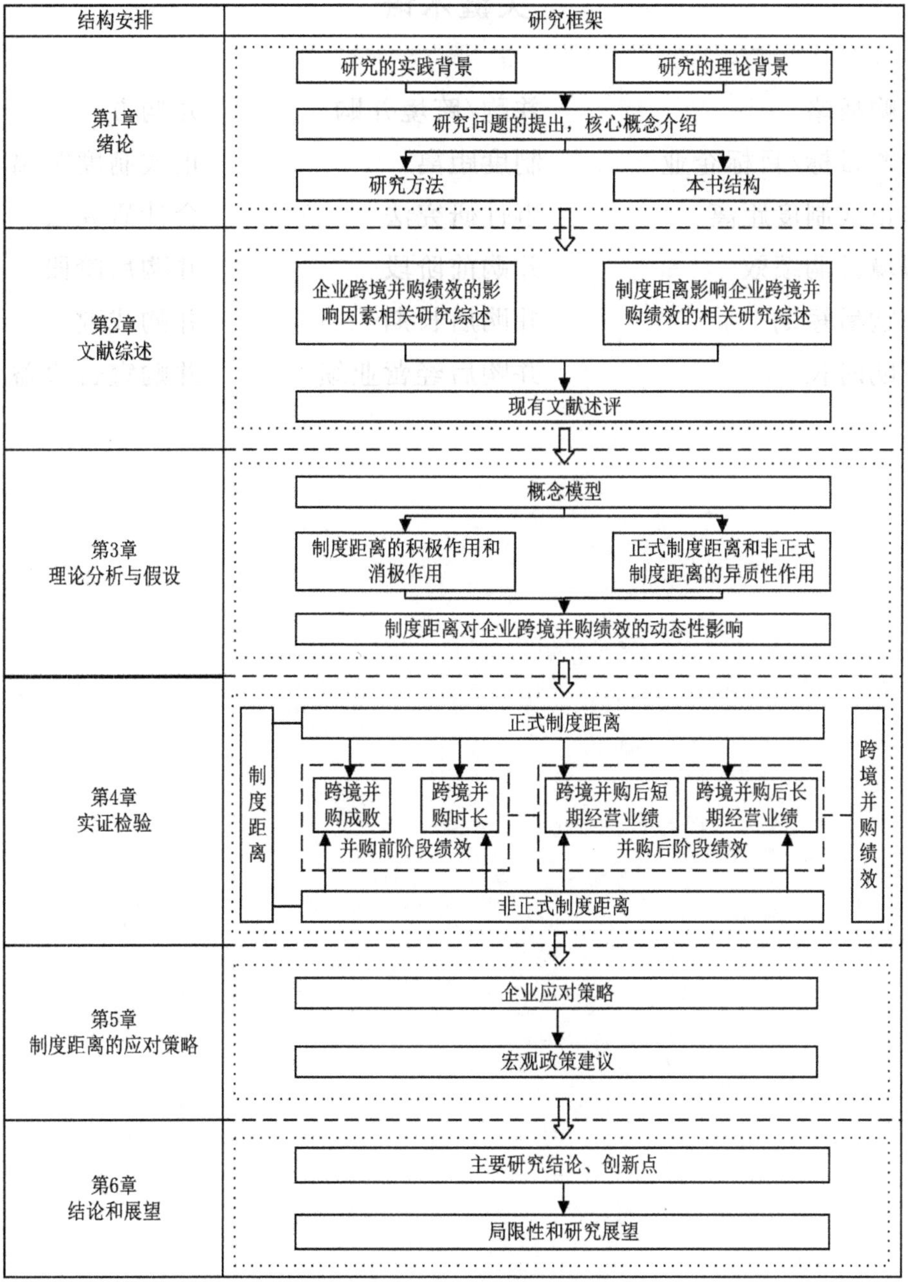

图 1－4　研究框架

关键术语

并购战略	并购/跨境并购	并购方
并购目标/目标企业	制度距离	正式制度距离
非正式制度距离	事件研究法	会计研究法
跨境并购绩效	并购前阶段	并购后阶段
并购后短期	并购后长期	并购成败
并购时长	并购后经营业绩	并购宣告收益

第 2 章　文献综述

2.1　企业跨境并购绩效的影响因素相关研究

长期以来，有关企业并购、企业跨境并购的研究持续不衰，近几年来更有繁荣之趋势，经过长期发展，企业跨境并购领域的研究可谓卷帙浩繁。虽然很多国内并购的理论和结论也适用于跨境并购，但考虑篇幅和相关性，本书的文献综述主要介绍企业跨境并购有关的研究。经过长期发展，以往的研究发现了众多影响企业跨境并购绩效的因素，这些因素可以分为国家（地区）层面的宏观因素，企业层面的微观因素和交易层面的微观因素三类。国家（地区）层面的因素包括东道国（地区）和母国（地区）的特征、东道国（地区）和母国（地区）的各类差异（或称距离）、世界经济环境等因素；企业层面的因素主要是并购方和目标公司的特征与行为；交易层面的因素跟具体的每一笔交易有关，如支付方式等，随着交易的不同而变化。也有研究将部分因素归类为行业层面，将所有影响因素分为四类。本书从国家（地区）层面、企业层面和交易层面三个层面介绍影响因素，并根据相关研究的理论和结论梳理前人研究脉络。

2.1.1　影响跨境并购成败的因素

1）国家（地区）层面因素

（1）东道国（地区）和母国（地区）的制度质量

国家（地区）层面的宏观因素中制度环境受到较多关注，其中东道国(地区)和母国(地区)的制度质量是讨论较多的制度因素。多数研究发现良好的东道国(地区)制度质量有利于跨境并购的达成。一方面,高质量的东道国(地区)制度提供了清晰明确的收购规则,可以减少并购方解读复杂程序和相关法律法规的时间和成本;另一方面,良好的东道国(地区)制度质量意味着可靠的法律执行力,可以有力地保护并购方的合法权益,降低信息不对称带来的交易成本[37]。从风险的角度看,东道国(地区)的制度风险越大(即制度质量越低),跨境并购交易达成就越困难[38-39]。首先,政治动荡会提高并购交易被当地政府否决的可能性;其次,法律和商业规则的不健全会提高东道国(地区)政府和目标公司的机会主义风险、违约风险[40]。有研究进一步揭示了母国(地区)制度质量的积极作用。受刻板印象影响,东道国(地区)社会(包括政府、目标公司和社会公众,下同)会将母国(地区)制度质量和并购方公司的形象联系起来,当母国(地区)制度质量较高时,东道国(地区)社会对并购交易后整合、盈利等问题的担忧会减少,东道国(地区)社会更容易接受并购方的收购[41]。也有研究发现了东道国(地区)制度质量的消极作用。东道国(地区)完备的制度体系容易被抱有投资保护主义的当局用作防备外资收购的壁垒,从而阻碍跨境并购达成[42],孙文莉等[43]的实证结论也支持了这一观点。张建红等[44]则发现东道国(地区)制度质量对跨境并购达成的影响并不显著。

(2)东道国(地区)的文化特征

制度环境中东道国(地区)的文化特征也备受关注。东道国(地区)社会文化中的权力距离越大、不确定性规避程度越高、集体主义倾向越强,越有利于跨境并购的达成[45]。目标公司较大的权力距离加剧了交易双方的信息不对称问题,但是也给了并购方压低并购溢价的合法理由。目标公司对不确定性的高度规避会促使其尽力降低交易中的各类风险,避免有风险的操作。目标公司的集体主义会促使其以妥协和协调的态度与方式解决问题，形成双方都更容易接受的交易条款。

东道国（地区）的文化宽容度越高、文化信任度越高，在其市场进行的跨境并购交易越有可能达成[46]。东道国（地区）的文化宽容度降低了并购方在东道国（地区）的合法性要求，无论是政府审查还是社会公众对并购方的接受度都提高了。东道国（地区）的文化信任度则可以降低交易双方的信息不对称，一方面，并购方收集当地信息的成本降低了，另一方面，交易违约的风险降低了，交易合约更有可能被可靠执行。

东道国（地区）的语言多样性、宗教多样性均不利于跨境并购达成[47]。语言差异导致沟通效率低，并且还会扭曲信息，是谈判的重要障碍。宗教观念的差异则会影响人与人之间互动行为的确定性。东道国（地区）的语言越多样、宗教越多样，并购方面临的信息不对称和信任问题越严重。

(3)东道国（地区）和母国（地区）的其他制度特征

随着研究深入，更多的制度环境因素被发掘出来。

东道国（地区）开设的孔子学院对中国企业跨境并购交易达成有积极影响[48-49]。首先，孔子学院承担了促进文化交流的功能，加深了两国（地区）社会的互相了解，缓解了两国（地区）文化差异造成的并购方的合法性缺失问题。其次，孔子学院的语言教育促进了双方语言的相互学习，从而在并购交易中可以降低谈判双方的沟通难度。第三，孔子学院还能有效降低并购方在东道国（地区）的信息搜索成本。

东道国（地区）的关税壁垒阻碍跨境并购达成。首先，东道国（地区）的关税壁垒产生的贸易保护效应会改变东道国（地区）市场结构，提升东道国（地区）企业的实力优势，改变并购方和目标公司的实力对比[50]。其次，关税壁垒较高的行业往往属于东道国（地区）管制和保护力度较大的行业，在这些行业进行的外资并购面临严重的合法性缺失问题[50]。第三，东道国（地区）的关税壁垒还具有一种“筛选效应”，导致只有生产率达到一定水平的并购方才能成功实现并购，这种“筛选效应”显著降低了境外并购者的成功率[51]。

东道国（地区）的审计师管理制度也会影响跨境并购达成。金(Kim)等[52]发现，受到美国上市公司会计监管委员会（Public Company Accounting Oversight Board，PCAOB）审查的审计师的客户更容易成为跨境并购的目标，而且此类并购交易更容易达成。PCAOB 对审计师的审查间接提高了目标公司的会计报告质量，降低了与目标公司相关的信息不确定性，这对并购方准确评估目标公司和双方谈判都是非常有利的。

母国（地区）的产业政策对其企业的跨境并购达成有重要影响。中国受到国家“五年规划”政策支持的企业更难完成跨境并购[53]。一方面，受到“五年规划”政策支持的企业进行的跨境并购容易被认定为贯彻国家战略，东道国（地区）对此类跨境并购具有高度警惕性。另一方面，受到“五年规划”政策支持的企业更容易获得政策资金支持，较低的融资约束使其在跨境并购中往往支付较高的并购溢价。较高的并购溢价虽然令目标公司满意，但是会遭受中国政府和投资人的更严格审查，也会引起东道国（地区）政府的警觉，从而引发安全审查。

母国（地区）产业参与国际产业分工的程度会影响其企业的跨境并购成功率。在中国深入参与国际产业分工的领域，中国企业的跨境并购更容易达成[54]。越是深入地参与国际产业分工，对国际产业链越是熟悉，在进行并购时并购方的信息劣势就越小，越有助于并购方获取目标。

(4)东道国（地区）的经济发展水平

东道国（地区）的经济发展水平（或称发达程度）也是常被讨论的宏观因素。通常，在经济发达的东道国（地区）进行并购更容易成功[2]。一方面，经济发达的东道国(地区)拥有丰富且高质量的资源，获取这些资源是并购方继续成长的关键，因此并购方获取这些市场目标的意愿很强。另一方面，位于发达经济体的目标其相关信息可以更容易地被获取，并且这些信息也更全面，质量更高，因而在发达东道国(地区)的并购交易双方的信息不对称程度较低。也有研究认为，当东道国(地区)比母国(地区)经济更发达时，在东道国(地区)的并购才更容易达成[55]。

(5)国家(地区)间各类差异

国家(地区)间的各类差异是现有研究讨论最多的一类宏观影响因素，其中制度距离的影响又是受关注最多的，关于制度距离的作用将在本章2.3节中详细介绍。

国家(地区)间的地理距离对跨境并购达成有双重影响。一方面，地理距离阻碍双方的信息收集、信息沟通，造成严重的信息不对称问题[56]。另一方面，地理距离的存在也提供了异质性的技术和市场机会，这会大大增强并购方的收购意愿。

国家(地区)间的知识距离对跨境并购达成有积极作用。世界上的创新技术并不平均分布在各个国家(地区)，国家(地区)间的知识距离为企业提供了弥补自身能力不足的机会，在知识距离大的东道国(地区)进行收购可以形成更强的协同效应，这对交易双方均有利，因而并购双方的交易意愿都更强[57]。

国家(地区)间的宗教距离阻碍跨境并购达成。宗教距离会加剧交易双方的信息不对称问题，不利于并购谈判[47]。

(6)国家(地区)间双边互动

良好的国家(地区)间关系有利于跨境并购达成。首先，良好的双边关系增强了东道国(地区)社会对母国(地区)企业的认可和接受度，来自与东道国(地区)有良好外交关系国家(地区)的并购被东道国(地区)视为安全且有助于本地发展，更容易被东道国(地区)政府批准[58-59]。其次，良好的双边关系能够降低跨境投资外部环境的不确定性，如双边汇率波动、关税政策不稳定等，从而降低交易风险[60]。第三，良好的双边关系还对两国（地区）间政治、文化等制度距离的消极作用有一定的积极调节作用，这种调节作用是通过促进两国（地区）签署双边投资协定以及开设孔子学院实现的[60]。也有研究发现，双边关系对跨境并购达成的作用并不显著[35]。

双边贸易摩擦会阻碍企业跨境并购交易达成[43]，但与东道国（地区）签订的区域一体化协定能够显著提高企业的跨境并购成功率[9]。区域一体化协定能够加强国家（地区）间制度、文化的相互协调、沟通，降低企业跨境并购的交易成本。

(7)世界经济环境

一些世界经济环境的宏观因素对跨境并购达成有显著的影响。全球经济政策不确定性上升对中国企业跨境并购成功率有显著的抑制作用。根据实物期权理论，经济政策不确定性上升时，外部投资环境风险增大，企业会延迟投资以避险，跨境并购交易面对国际投资风险首当其冲，很多进行中的交易也会被放弃[61]。

汇率波动对跨境并购达成有消极作用[43]。一方面，汇率波动增大了跨境交易的不确定性。另一方面，当交易金额较大时，双方还需针对汇率波动进行复杂的支付条款谈判。

处在宏观并购浪潮时期的跨境并购更难实现[62]。一方面，处在并购浪潮时期的跨境并购其并购方面临更多的竞购者，获取目标公司的概率大幅降低。另一方面，并购浪潮对市场行情、行业结构均产生重大影响，这一时期，有关目标公司价值、并购双方协同效应的信息不对称和信息不确定性水平均有所上升。

2)企业层面因素

(1)国有企业属性

企业层面中并购方最受关注的特征是国有企业属性和并购经

验，多数研究发现了国有企业属性的消极作用。并购方国有企业属性对跨境并购达成的消极作用主要来源于进入东道国（地区）时的合法性问题，由于东道国（地区）对国有企业并购方的合法性歧视，国有企业并购方发起的跨境并购受到东道国（地区）严苛的程序审查和严重的政治阻碍[63-64]。国有企业并购方受到合法性歧视的原因有几个方面。首先，国有企业的经营动机可能不限于商业目的，东道国（地区）会怀疑国有企业并购方的并购动机是执行母国（地区）的国家（地区）战略，尤其当目标公司处于能源、高科技等敏感行业时，这种担忧更甚。因此，即使是正常的跨境商业投资，由国有企业发起也会引起东道国（地区）的高度警惕[44, 65]。其次，国有企业的信息不透明程度被认为更高，较高的信息不透明度加剧了国有企业并购方在东道国（地区）社会的信息不对称问题，进而也难以取得东道国（地区）社会的信任[35, 66]。第三，国有企业经常受到政府的政策支持、资金支持，一方面，其竞争的适当性（或称公平性）受到东道国（地区）社会的质疑，另一方面，在政府支持下发展的国有企业被认为效率欠佳，东道国（地区）社会会怀疑其并购后阶段绩效是否有保证，因此包括目标公司在内的东道国（地区）社会并不信任来自国有企业并购方的收购[37, 67]。并购东道国（地区）的国有目标公司同样困难。国有企业涉及全民财产，其被收购受到东道国（地区）社会的广泛关注，达成交易需要更多利益相关者的认可，而且国有企业通常涉及社会生活的重要领域，如能源、通信等，东道国（地区）政府对本地国有企业被收购的交易通常施以严格的审查[58]。

少数研究发现了国有企业属性的积极作用，国有企业并购方受政府支持，融资约束较小，雄厚的资金实力使其在跨境并购中优势更大[68]。一些研究认为国有企业属性的作用可能更加复杂。朱华[69]发现，并购方的国有企业属性对中国企业跨境并购达成的消极作用仅在对发达国家和敏感行业的并购中显著，并且在并购方规模足够大的情况下国有企业属性会转变为有利于并购交易的达成。申(Chen)等[70]发现,当并购方股东中的国有股权份额和私有股权份额处于均势时,并购交易更难以完成,因为它们冲突的目标难以协调。

(2)并购方经验

多数情况下并购方的并购经验有助于达成跨境并购交易。根据组织学习的理论,企业组织可以在"干中学"(learning by doing),从以往的跨境并购经历中学习、总结经验,以往的经验让企业在后续的跨境并购交易业务中更熟练,更具有效率,从而成功率更高[64, 71]。

随着研究深入,并购经验更复杂的影响机制被发现。一些研究发现,并购经验和跨境并购达成之间呈正 U 形关系[42, 56, 72]。一方面,经验能否发挥出积极的作用取决于企业能否正确地将经验运用于新环境,而企业正确匹配经验与环境的能力又依赖于所积累的经验,并购经验较少的企业很可能将不适当的并购经验运用到新并购中,这反而会降低并购的成功率。另一方面,企业运用经验的能力随着经验的积累而增强,正确运用经验所带来的积极作用最终会超过试错成本,从而对并购达成产生积极影响。有研究进一步指出,并购方不仅能通过经验学习的方式从自身成功的并购经验中获益,还可以通过观察和模仿这种替代学习的方式从其他企业成功的并购经验中获益,并且替代学习的成本和风险都更低[73]。不过,并购方从其他企业失败的并购经验中学习的经验对自己的跨境并购达成有消极作用。出于"脱罪"心理,并购失败的企业会模糊自身行为与并购失败结果之间的因果性,因此通过替代学习方式从其失败的并购经验中学习很难得出正确的因果联系。

并购方失败的并购经验对跨境并购达成的影响也很复杂。一些研究指出,在组织层面失败的并购经验会产生学习抑制效应,阻碍组织学习,导致并购方延续之前的低效行为[39]。也有研究发现,并购方失败的并购经验仍然可以促进跨境并购达成[35]。并购方失败的并购经验和跨境并购达成还有可能呈正 U 形关系[73]。相比成功的并购经验，失败的并购经验具有异质性大和因果联系模糊的特点，企业从失败的并购经验中学习首先要克服这两项特征的负面效应，在克服了负面效应之后，企业才能从失败的并购经验中获益。

另外，部分研究指出中国企业的多数跨境并购经验并未发挥出积极作用，由于试错成本的存在，经验对中国企业的跨境并购达成甚至呈现出消极作用[42]。

(3)并购方其他特征

并购方其他特征的影响也陆续被发掘。有研究发现并购方的社会责任表现对跨境并购达成有消极影响[74]。一方面，承担更多的社会责任会耗费企业有限的资源，可能会影响并购方在跨境并购交易中的优势。另一方面，并购方在母国(地区)的社会责任表现为其带来的好处难以延伸到境外，并且并购方在母国(地区)市场承担社会责任的行为可能被东道国(地区)市场视为负面信号。一些研究进一步发现并购方社会责任表现的作用类似于"好事不出门，坏事传千里"。具体而言，并购方社会责任表现的正面消息对跨境并购达成无显著作用，但并购方社会责任表现的负面消息显著阻碍了跨境并购的达成，原因是正面消息通常由企业自行报告，但是负面消息会受到媒体的大肆宣传[75]。

并购方的机构投资者被发现有助于提高跨境并购成功率。一方面，机构投资者可以提高并购方的公司治理水平。机构投资者通常持股比例较大，持股流动性小，这使其更愿意参与企业治理，从而降低企业的代理问题；并且机构投资者具有更专业的企业经营知识，在跨境并购中可以监督企业选择更合适的目标、进行更有利和高效的谈判等[76]。另一方面，作为专业投资者的机构投资者拥有广泛的市场信息储备及高质量的信息分析能力，其具有的东道国(地区)知识可以有效缓解跨境并购交易中并购方的信息劣势，从而保障交易顺利进行[77]。

并购方管理层的政治关联、董事会规模和管理层能力均有利于跨境并购达成。管理层政治关联为企业带来大量资源，尤其是并购所需的财务资源，充足的资源可以支持并购方在跨境并购中提出更具有竞争力的条款；并且，并购方的政治关联还可以使其更容易获得本国（地区）的政府审批[78]。董事会的规模越大，其风险偏好越低，更不容易放弃交易而承担交易失败并付出沉没成本的风险；并且，如果中途放弃交易，董事会规模越大，需要说服的人员越多[79]。拥有较强能力的并购方管理层可以以较低成本更广泛地获取信息，降低企业信息不对称的劣势；并且，能力强的管理层通常拥有更丰富的人际关系网络和社会资源，可以为跨境并购交易提供更多可用资源；能力强的管理层在谈判中也更高效，可以有效减少谈判障碍[80]。

中国同时在A股（人民币普通股票）和H股（注册地在内地、上市地在香港的中资企业股票）交叉上市的企业其跨境并购更容易达成[81]。一方面，在H股交叉上市的并购方可以绑定中国香港资本市场高质量的管理和监督制度（绑定效应），给投资者传递正面声誉信息，提高并购方的社会接受度。另一方面，在H股交叉上市促使企业披露更多和更高质量的信息，这可以有效缓解并购方和社会的信息不对称，在跨境并购时可以增强目标公司对并购方的了解和信任。另外，信息不对称的缓解还能够进一步降低并购溢价，缓解并购方的支付压力。

使用金融对冲工具可以帮助并购方达成跨境并购交易[34]。首先，由于使用金融对冲工具的成本很高，并购方使用金融对冲工具实际上表明了坚决推进交易的决心，目标公司将此视为具有诚意的信号。其次，使用金融对冲工具降低了金融风险，确保了并购交易不会因为汇率波动、利率波动等不确定性因素被放弃。第三，使用金融对冲工具可以有效缓解企业和投资者的信息不对称，进而降低并购方的股票收益波动性，对于使用股权支付的并购交易，目标公司更容易接受其支付条款。第四，金融对冲工具可以降低并购方的外部融资成本，使其可以提出更具有竞争力的交易条款。

并购方的会计稳健性有利于促成跨境并购交易[82]。一方面，会计稳健性可以抑制股东和管理层之间的委托代理冲突，促使管理层合理选择并购目标、高效实施并购交易。另一方面，会计稳健性催生高质量的财务信息，可以更好地辅助并购交易决策，使企业设计更加稳健的交易条款，降低谈判风险。

并购方较大的企业规模有利于跨境并购交易的达成[83]，多数目标公司更愿意接受被较大规模的企业收购。

(4)目标公司特征

目标公司最受关注的特征是上市状态和行业属性。跨境并购上市公司目标通常更为困难[67, 84]。一方面，上市公司投资者众多，监管部门对其股东权利的保护更为严格，此类跨境并购交易通常会受到更为严苛的审查。另一方面，上市公司因为利益相关者众多，接受收购的决策过程也更复杂、更漫长，其交易风险更大。并购东道国（地区）国防、战略资源、关键基础设施、高科技、电信和金融等敏感行业的目标更容易失败，这些行业被认为事关国防安全或经济安全，东道国（地区）政府对本国（地区）的此类产业通常高度保护，来自境外的并购被视为严重威胁[2, 37, 44, 58, 59, 85-86]。

目标公司股票的异常波动会引起市场的信息收集行为，从而降低目标公司与市场的信息不对称，进而提升其被成功收购的概率[87]。

(5)并购方和目标公司的差异

并购方和目标公司之间的行业相关性对跨境并购达成有积极作用[88]。并购行业相近的目标时双方的信息不对称程度较低，并购方可以利用自身熟悉的知识进行有效的谈判，促成交易。并且，在相近行业的并购双方对交易风险的感知都较低，利于促成交易。

并购方和目标公司之间的资源相似性能够促进跨境并购达成，而两者间的资源互补性与交易达成呈倒U形关系[89]。资源相似性是指两个公司在技术、产品、业务、分销渠道及客户等方面的重合程度，而资源互补性是指不同却能够协同创造出单独无法创造的价值的资源或能力。并购方和目标公司的资源相似性越大，两者之间的信息不对称程度越低，并购双方越能取得互信。资源互补性带来的协同效应提高了并购双方的交易意愿，但是资源互补性越大，也意味着资源整合的风险和成本越高，因此适度的资源互补性最为有利。

3)交易层面因素

现有研究讨论较多的交易层面因素有并购交易规模、股权并购比例和支付方式。较大规模的跨境并购交易涉及大型的目标公司，此类交易通常受到东道国(地区)社会的广泛关注，会遭受更多、更严格的审查，成功获取目标公司的概率因此降低[42]。

股权并购比例对跨境并购达成有双重影响。一方面，较高的股权并购比例意味着来自并购方更强的控制，这容易引起并购目标的抵触，交易失败的风险更高[55]。另一方面，较高的股权并购比例对并购方更为有利，因为并购后并购方对目标公司的影响力更大，因此并购方的并购意愿更强；并且，较高的股权并购比例意味着并购方对目标公司的经营会更加重视，这会被目标公司视为正面信号[83]。

并购的主要支付方式有现金支付和股票支付。所谓股票支付是指并购方以自身股票为支付对价获取目标公司，实质上是并购方和目标公司双方的股东通过换股实现企业合并。现金支付有若干优势：首先，相比于股票支付，现金支付程序上简单快捷，不必对并购方的股票再进行估值，也不必协调两个公司股东之间的利益[83]；其次，现金支付是一种积极信号，向目标公司和市场传达出并购方实力雄厚、愿意承担风险的信号[90]；第三，由于并购双方通常事前并不熟悉，或相互间信任度还未能达到一定程度，出于风险规避的目的，目标公司通常更愿意接受现金支付。股权支付可以降低并购方的风险和并购溢价，被并购方青睐，部分研究的实证结果支持了股权支付对跨境并购达成的积极作用[46,84]。

并购方具有战略动机的跨境并购比具有财务动机的跨境并购更容易达成[88]。财务动机与财务资源协同效应有关，例如降低资本成本或风险、提高外部评级和借贷能力以及在短期内产生现金回报等。战略动机是全面的，更为抽象一些，通常表现为通过改变业务结构或获得有价值的资产提高企业的竞争力。具有财务动机的并购追求财务协同效应，对短期风险非常敏感，更容易放弃并购；而具有战略动机的并购追求长期业务协同，对短期风险容忍度更高，更有可能完成交易。

来自发展中国家（地区）的并购方使用境外子机构执行跨境并购，其交易更容易达成[41]。一方面，使用境外子机构实施跨境并购可以一定程度削弱并购方母国（地区）形象的负面影响。另一方面，并购方使用境外子机构时，通常会选择和东道国（地区）相近的境外子机构，这样与目标公司的信息不对称程度会更小，更利于双方达成一致。

并购方聘请专业咨询机构有助于促成跨境并购交易，尤其是咨询机构拥有丰富的东道国（地区）知识时，跨境并购交易更容易达成[91]。专业的咨询机构具有专业的并购知识和操作经验，能够有效规避交易中的各类风险，并且，专业咨询机构具有更强的信息搜索和分析能力，能够有效降低并购方的信息劣势。

目标公司缴纳交易保证金可以有效提高跨境并购交易的成功率[92]。一方面，目标公司违约会承担较高的沉没成本，尤其是跨境并购这种大型交易。另一方面，目标公司缴纳的交易保证金向市场传递出排他性的信号，阻止了潜在竞购者的行动。

另外，采取敌意并购的方式（不顾目标公司的意愿而采取非协商购买的手段）会遭到目标公司的有力抵制[93]。

2.1.2 影响跨境并购时长的因素

1）国家（地区）层面因素

在制度质量较高的东道国（地区）并购会耗费更多时间[35]。一方面，高质量的制度环境意味着东道国（地区）对境外并购活动具有更完善而严格的法律监管措施，这导致对跨境并购交易的审查程序会更漫长。另一方面，更完善的制度体系还可能因政治目的被用来抑制境外企业对本土企业的收购。

在相对欠发达的东道国（地区）进行的并购通常耗时更短[55]。在相对欠发达的东道国（地区）并购，并购方的能力优势更大，相对于目标公司并购方对并购交易的掌控力更强，可以加快并购交易进程。

东道国（地区）开设的孔子学院显著降低了中国企业跨境并购交易的耗时[49]。开设在东道国（地区）的孔子学院促进了中国与东道国（地区）社会的文化交流，其语言教育项目还促进了双方语言的相互学习。对中国企业的跨境并购而言，这一方面提高了双方谈判的沟通效率，另一方面还提高了中国企业在东道国（地区）的信息收集能力，这些都可以有效加快交易进程。

国家（地区）间的知识产权制度距离和跨境技术并购的时长呈倒U形关系[36]。一方面，知识产权制度距离上升会提高并购双方的信息不对称程度，延长双方谈判用时，并且，知识产权制度距离会降低并购方在东道国（地区）的合法性，导致其并购遭受东道国（地区）政府更漫长的审查。另一方面，并购方面对东道国（地区）不同的知识产权制度会采取不同的应对手段，当知识产权制度距离较小时并购方会以较低成本准备并购活动，而当知识产权制度距离较大时，为了确保达成交易并购方会做更加充分的准备，如聘请专业顾问等，这会提高并购交易活动的效率。

另外，贾镜渝等[35]发现国家(地区)间的双边关系对跨境并购时长并无显著影响。

2)企业层面因素

并购方的国有企业身份会增加其跨境并购交易耗费的时间[35,67]。一方面，国有企业经常具有非商业目的的经营行为，东道国(地区)会担忧此类境外并购方跨境并购的目的并非商业经营而是贯彻母国(地区)国家(地区)战略。另一方面，国有企业通常受到政府的支持，其竞争的适当性也受到怀疑。这些都会降低国有企业并购方在东道国(地区)的合法性，因此东道国(地区)政府会对其发起的跨境并购交易进行更为全面而严格的审查，从而导致此类交易花费更长时间。

并购方以往的跨境并购经验使其在后续的跨境并购中更加熟练、更具效率，面对复杂交易状况时应对能力更强，从并购计划、防范风险到沟通谈判，各个环节的时间成本都会降低[17,35]。

承担社会责任会使并购方花费更多时间达成跨境并购交易[74-75]。一方面，从股东成本理论出发，企业承担社会责任会消耗自身有限的资源，降低其盈利水平。另一方面，并购方在母国(地区)承担社会责任的行为很可能被东道国(地区)视为负面信号。这两者都会降低并购方在东道国(地区)的合法性，为了赢得目标公司和东道国(地区)公众的信任、取得东道国(地区)政府批准，并购方需要花费更多的时间、做更多的沟通和宣传工作。

使用金融对冲工具增加了并购方的跨境并购交易耗时[34]。金融对冲工具的使用降低了并购方的金融风险和外部融资成本，掌握该优势的并购方可以花费更长时间审查交易细节、沟通谈判以争取更有利的交易条款。

在能源、基础设施、电信和高科技等敏感行业的跨境并购耗费的时间更长[17]，这些领域涉及东道国(地区)的经济安全或民生安全，通常受到更复杂的法律监管，并购方需要花费更多的时间去满足监管要求。

并购方和目标公司间的行业相关性与跨境并购时长呈正U形关系[16]。一方面，并购双方在业务上相似性越高，双方的信息不对称程度越低，这会提高谈判效率。另一方面，并购双方业务相似性越高，同业竞争性越强，并购交易越容易遭到目标公司的抵制，并且越容易遭到东道国(地区)的反垄断审查。因此，行业相关性对跨境并购时长的影响表现为先降后升。

3)*交易层面因素*

相对于聘请小而精的咨询机构，聘请大而全的咨询机构可以帮助并购方有效缩短跨境并购时长[94]。小而精的咨询机构具有更专业的知识和技能，他们能帮助并购方有效降低并购溢价，但是这是以更长的并购时长为代价的，他们会花费更多时间进行尽职调查，进行更多谈判以争取有利条件。另外，如果聘请的咨询机构具有关于东道国(地区)的专业知识，跨境并购可以更快达成[91]。

并购方和目标公司聘请同一家审计师将会延长跨境并购时长[95]，因为并购方和目标公司都有动机在交易前管理收益，共同审计师的诉讼和声誉风险超过了其信息获取的优势，为了规避更大的风险，共同审计师会花更多的时间进行更加稳健的审计。

2.1.3 影响跨境并购后阶段绩效的因素

现有关于跨境并购后阶段绩效的研究中，事件研究法和会计研究法都被普遍使用，对于同一问题的讨论，既有使用并购宣告收益作为度量的，也有使用并购后经营业绩作为度量的，本书根据理论和研究结论的脉络梳理前人文献，将有关其影响因素的研究一同进行介绍。

1)国家(地区)层面因素

(1)东道国(地区)和母国(地区)的制度质量

相比于跨境并购成败和跨境并购时长,现有研究对跨境并购后阶段绩效的影响因素讨论最为充分,其宏观因素中制度环境因素仍然是最受关注的。东道国(地区)制度质量对跨境并购后阶段绩效的作用复杂。多数研究发现了东道国(地区)制度质量的积极作用[96]。首先,良好的东道国(地区)制度质量可以为境外投资者提供更好的投资者权益保护,降低并购方的交易成本和经营风险[32,97]。其次,良好的东道国(地区)制度质量还为并购方提供了更好的学习环境,可以引导并购方建设更高水平的公司治理,从而提升其经营能力[97-98]。第三,良好的东道国(地区)制度质量意味着完善的监管制度,可以有效抑制企业的代理问题,防止管理层和部分股东对公司的掏空行为[99]。一些研究从风险的角度出发,指出东道国(地区)的制度风险对跨境并购后阶段绩效有消极作用。一方面,东道国(地区)的制度风险提高了并购方并购时的交易成本[100];另一方面,东道国(地区)的政治、金融等制度风险加剧了外部环境的不确定性,提高了并购方在东道国(地区)的经营成本和亏损概率[101-102]。有研究同样发现了母国(地区)制度质量的积极作用[103-104]。一方面,良好的制度质量塑造了母国(地区)良好的国家(地区)形象,东道国(地区)社会会将这种形象和并购方联系起来,并购方在东道国(地区)的阻力会因此降低,其跨境并购的交易成本和并购后的经营风险都会降低。另一方面,良好的母国(地区)制度质量培养了并购方更强的经营能力,使其能发现东道国(地区)被低估价值的目标公司。

也有部分研究认为在制度质量较差的东道国(地区)并购其并购后阶段绩效更好,因为并购方可以要求为东道国(地区)环境的高风险支付较低的并购溢价[105]。有研究进一步发现,东道国(地区)的制度质量对跨境并购后阶段的短期绩效有消极影响,而对跨境并购后阶段的长期绩效有积极影响[106]。具体而言，当东道国（地区）制度不完善时，并购方可以通过政治关联等非常规手段从政府那里获取有利信息和便利，进而在并购谈判中争取有利条件，并在短期内获得积极的并购后阶段绩效。但是，此类非常规手段的效果并不能持久，其边际效应会迅速递减，直至小于其成本。长期来看，只有东道国（地区）良好的制度质量才能稳定持续地保障并购后阶段绩效。

(2)东道国（地区）的文化特征

东道国（地区）的文化宽容度、文化信任度和对中国的好感度可以显著提高中国企业跨境并购后阶段绩效[46, 107]。首先，当东道国（地区）的文化宽容度、文化信任度和对中国的好感度较高时，中国并购方更容易在东道国（地区）获取合法性，并因此跨境并购的审查成本更低，更容易获取外部资源。其次，当东道国（地区）的文化宽容度、文化信任度和对中国的好感度较高时，目标公司配合并购后整合的意愿更强，中国企业的跨境并购整合成本更低，并购整合效果更好。第三，当东道国（地区）的文化宽容度、文化信任度和对中国的好感度较高时，中国并购方在东道国（地区）获取信息的成本更低，商业合同的执行风险也更低。

东道国（地区）的个人主义文化倾向与中国企业的跨境并购后阶段绩效负相关[108]。集体主义的文化强调，只有当新集体成功实现并购后整合和价值创造的首要任务时，员工才能获得作为集体成员的个人利益（例如工作保障和加薪）。东道国（地区）的个人主义文化倾向会影响目标公司员工对他们与新所有者（即并购方）之间相互依赖性的认识，当东道国（地区）的个人主义文化倾向性越强时，目标公司员工和并购方之间的矛盾解决也越困难，跨境并购的整合难度和成本都越大。

(3)东道国（地区）和母国（地区）的其他制度特征

随着研究的深入，更多影响跨境并购后阶段绩效的制度因素被发现。东道国(地区)的投资者保护对跨境并购后阶段绩效有显著影响。一些研究认为东道国(地区)投资者保护可以降低并购方的交易成本,如信息收集成本、谈判费用和合约的执行成本,从而有利于跨境并购后阶段绩效的提升[109]。也有研究发现,在投资者保护较弱的东道国(地区)并购更为有利,因为并购方可以为投资者风险要求相应的补偿[110]。有关东道国(地区)法律体系传统的研究指出,在属于英美法系传统的东道国(地区)并购其并购后阶段绩效更差,因为英美法系对投资者保护更好,因此其并购市场的竞争更加激烈,并购交易的溢价水平普遍更高[111]。有研究进一步发现,东道国(地区)投资者保护水平对跨境并购后阶段绩效的影响取决于目标公司的上市状态[112]。当东道国(地区)投资者保护水平较高时,相应的并购溢价也较高,但是并购溢价的提高在上市公司中更为显著,因为非上市公司的股权缺乏流动性,没有明确的市场价值,并购方更容易以低价收购;当东道国(地区)投资者保护水平较低时,并购上市公司和非上市公司的溢价都降低,此时并购规模更大的上市公司可以获得更大的优惠。

东道国(地区)的财产权利保护水平对高科技企业并购方的跨境并购后阶段绩效有消极作用[113]。一方面,在财产权利保护水平较低的东道国(地区),交易的不确定性较大,并购方可以要求风险补偿,支付更低的并购溢价。另一方面,当东道国(地区)财产权利保护水平较低时,并购方整合目标公司资源的成本也更低。

东道国(地区)的劳动者保护对企业跨境并购后阶段绩效有双重作用。一方面,东道国(地区)的劳动者保护在跨境并购中倾向于保护目标公司员工的利益,良好的劳动者保护会加剧并购方与目标公司员工的冲突,提高并购整合的难度和成本,降低协同效应的效果[114]。另一方面,东道国(地区)良好的劳动者保护能产出更有知识和技能的劳动者,其当地企业的生产力会更高,并购方公司可以进行

"摘樱桃"式的并购,并购这些公司会有效提升并购方的竞争力[115]。

东道国(地区)在全球贸易网络中的位置显著影响企业跨境并购后阶段绩效[116]。世界各国家(地区)之间的双边贸易组成了一个大型的贸易网络,在这个贸易网络中,有的国家(地区)联通了较多的贸易对象,有的国家(地区)联通的贸易对象较少。一个国家(地区)在全球贸易网络中的联通度越高,其获取全世界资源的能力越强,因而在这样的东道国(地区)并购越有利。

东道国(地区)金融市场融入世界资本市场的程度对跨境并购后阶段绩效有显著影响[117]。当东道国(地区)金融市场融入世界资本市场的程度较高时,其本国企业能很容易地获得低成本的融资,而不必接受外国(地区)企业的并购。而当东道国(地区)金融市场融入世界资本市场的程度较低时,其本国(地区)企业难以获得充分且成本较低的外部融资,因此接受外国(地区)企业收购成为获取资金继续成长的重要选择,并购方在此类东道国(地区)的并购会形成更大的协同效应。

东道国(地区)开设的孔子学院对中国企业跨境并购后阶段绩效有积极作用[5]。首先,孔子学院提供的语言教育可以降低双方的沟通难度,减少由语言障碍导致的信息成本。其次,孔子学院可以为中国企业提供咨询服务,提供东道国(地区)文化习俗、社会生活等有关的信息,降低双方的信息不对称。第三,孔子学院的文化交流工作提高了东道国(地区)对中国文化的接受度,可以改善中国企业在东道国(地区)的合法性缺失状况。

(4)东道国(地区)经济发展水平

东道国(地区)经济发展水平对跨境并购后阶段绩效有积极影响[26,118]。首先,发达国家(地区)市场拥有更加丰富、更加稀缺、更加高质量的资源,这些资源对企业继续成长至关重要,在发达国家(地区)市场的并购可以为并购方便利地接入这些资源[97,119]。其次,发达国家(地区)市场对知识产权的保护更好,在发达国家(地区)市场并购,并购方一方面可以获取先进技术,另一方面自身的技术资产也可以得到更好的保护[120]。第三,东道国(地区)的经济发展水平越高意味着其市场空间越大,在发达东道国(地区)的并购给并购方带来更大的增长机会[121-122]。

随着研究深入,有研究进一步考察了东道国(地区)综合竞争力的作用。一方面,在综合竞争力较弱的东道国(地区),并购方的相对优势更大,可以争取更为有利的并购条款[123-125]。另一方面,在综合竞争力较强的东道国(地区)并购,并购方可以获取更有竞争力的目标公司,对自身能力进行更大的提升[32, 126]。特别的,在高创新能力、高创新导向的东道国(地区)并购更有利,因为这些国家(地区)的目标被认为具有更好的创新能力、更先进的技术[127-128]。

(5)母国(地区)的宏观因素

母国(地区)的部分宏观因素也被发现对跨境并购后阶段绩效有显著影响。人民币汇率风险对中国企业的跨境并购后阶段绩效有消极影响[129],汇率风险增大了交易的复杂度和不确定性,并且增加了谈判的成本。不过,人民币升值对中国企业的跨境并购后阶段绩效有积极影响。当人民币升值时,一方面中国企业并购境外目标的支付价格会降低,另一方面进行并购整合所需的投资成本也降低了[130-131]。有研究进一步发现,人民币升值对中国企业跨境并购后阶段绩效的积极作用仅体现在短期,对跨境并购后阶段的长期绩效无显著影响[132]。

母国(地区)的数字技术优势可以提升其企业的跨境并购后阶段绩效[133]。首先,母国(地区)的数字技术优势一方面可以帮助本国(地区)企业提升运营效率,另一方面也可以被并购方用来在东道国(地区)开展新业务。其次,数字技术优势的转移成本低、转移速度快,可以以较低成本快速部署到东道国(地区)。第三,当跨境并购的并购方来自具有数字技术优势的国家(地区)时,目标公司会将其看作提升自身竞争力的机会,因此并购后的整合阻力、整合成本也会更低。

中国产业在全球价值链中的地位和嵌入度对中国企业跨境并购后阶段绩效有显著影响[134]。中国产业在全球价值链中的地位越高,其对全球产业的影响越大,越具有话语权和议价能力,产业中的企业的跨境并购越能争取有利的条款,并且能产生更强的协同效应,并购后阶段绩效更好。中国产业越深入地嵌入全球价值链,越能受到知识溢出效应的有利影响,并且与其他国家(地区)企业的信息不对称程度越低,越有利于中国企业在跨境并购中争取有利条款、降低并购整合成本。

(6)国家(地区)间各类差异

国家(地区)间的地理距离对跨境并购后阶段绩效的影响复杂。一方面,地理距离提高了通信成本、信息收集成本,加剧了并购双方的信息不对称问题[135]。另一方面,并购地理距离遥远东道国(地区)的目标能给并购方带来异质性的技术和资源,并且带来新的市场机会,驱动并购方进入新的增长[11]。有研究进一步指出,东道国(地区)的地理多样性和企业跨境并购后阶段绩效呈倒U形关系[136]。原因是地理距离同时具有积极和消极影响,随着并购方到更多东道国(地区)进行并购,不同地理距离产生的成本已经超过其带来的好处。

国家(地区)间的知识距离对企业跨境并购后阶段绩效具有积极影响[137]。根据跳板理论,企业在走向国际化的过程中会收购境外高价值资产、核心资产来弥补自身竞争力的不足。国家(地区)间的知识距离为企业提供了获取潜在异质性知识的机会,有利于企业获得跳板效应。

(7)国家(地区)间双边互动

良好的国家(地区)间双边关系有利于提升企业跨境并购后阶段

绩效。两国(地区)间的双边关系较好意味着双方的利益比较一致，这可以减少本国(地区)企业在对方市场进行并购的合法性缺失问题，并因此降低并购后的整合成本[138]。当两国(地区)间的双边关系较差时，并购双方企业的相互认同度、信任度会大大降低，这将提升一切双方共同行动的成本[139]。

国家(地区)间历史上的殖民关系对原殖民地国家(地区)企业的跨境并购后阶段绩效具有消极影响[3]。一方面，在现代原宗主国社会可能仍然保有对原殖民地国家(地区)的优越感和傲慢态度，对来自原殖民地国家(地区)的并购方报以歧视、排斥，这就大大降低了并购方在东道国(地区)的合法性。另一方面，在现代原殖民地国家(地区)的并购方很可能难以继续接受东道国(地区)社会的歧视态度，因此双方并购整合的冲突成本会大大超出殖民历史带来的双方相互了解的信息优势。

(8)世界经济环境

"一带一路"倡议对参与国家(地区)的企业的跨境并购后阶段绩效有显著提升作用。首先，"一带一路"倡议建立了完善的合作框架及基础设施(如亚投行等)，为企业境外投资提供了良好的投资环境，降低了跨境并购的交易风险[140]。其次，"一带一路"倡议促进了国家(地区)间的相互投资，随着各国(地区)的相互投资逐渐繁荣，各国(地区)市场的相对优势会形成互利局面，这有效提升了企业跨境并购的协同效应潜力[141]。第三，"一带一路"倡议增强了两国(地区)社会的相互认同感，缓解了并购方在东道国(地区)的合法性缺失问题[5]。不过，仍然有少数研究发现了"一带一路"倡议的消极作用[131]。

2008年金融危机提高了中国企业的跨境并购后阶段绩效[142]。一方面，金融危机发生后政府加大了对企业的支持力度，企业获得了更好的投资支持。另一方面，金融危机改变了企业的并购动机，促使企业更为谨慎、高效的施行并购，间接提高了企业跨境并购的投资效率。

2)企业层面因素

(1)国有企业属性

影响跨境并购后阶段绩效的企业层面因素中受到最多讨论的是并购方的国有企业属性和并购经验。并购方的国有企业属性对其跨境并购后阶段绩效有双重作用[137]。并购方国有企业属性的积极作用主要来源于政府对其的各类支持及由此形成的竞争优势。首先，国有企业并购方受到政府的政策支持，其投资活动更容易顺利通过政府各部门的核准，因此其跨境并购活动的国内交易成本更低[143]。其次，国有企业并购方受到政府的资金支持，一方面，国有企业并购方可以方便地获得政府的政策性融资支持；另一方面，依靠国有企业身份的信用背书，并购方可以相当容易地以较低成本从商业银行获取外部融资[120, 143-145]。第三，国有企业并购方和政府关系密切，相对于民营企业，其具有更大的信息优势，这种信息优势不仅可以降低企业的信息收集、分析成本，而且可以更好地辅助决策[146]。第四，国有企业受到政府支持，在国内的竞争力压力较小，免于高竞争压力的环境可以促使其花费更多时间做出更理性的投资决策[120]。第五，政府对国有企业通常有比民对营企业更为严格全面的监管措施，并且国有企业的股权结构通常比民营上市企业集中，因此民营企业的代理问题实际上可能比国有企业更严重[120]。第六，由于受到政府支持，国有企业的生存压力更低，抗风险能力更强，因此其在经营中更容易秉持长期导向，这非常有利于跨境并购后的整合成功[146]。

也有研究发现了并购方国有企业属性的消极作用[147]。一方面，国有企业并购方的所有权优势难以延伸到境外，国有企业并购方受政府支持而发展，自身竞争力弱的问题在跨境业务中可能暴露出来[130]。另一方面，国有企业经常有非商业目的的经营行为，这会导致其与少数私有股权股东的利益冲突，这种委托代理问题不仅提高了内部运营成本，而且会导致市场的消极反应[148]。

有研究进一步指出了目标公司国有企业属性的消极作用[149]。首先，国有企业目标公司通常缺乏透明的会计信息，这会导致并购方支付较高的并购溢价。其次，并购国有企业目标并购后的整合成本通常更高，因为目标公司员工与并购方的矛盾更难处理。

(2)并购方经验

多数研究发现了并购方经验对跨境并购后阶段绩效的积极影响[128]。首先，根据组织学习理论，并购方可以从以往的跨境并购交易中学习已有的解决问题的方法或创造新的知识技能以提升自身能力，这些能力的提升会使并购方在后续的跨境并购中采取更为高效、规范的流程，规避各类交易风险，提高并购后阶段绩效[123, 125, 150]。其次，以往的并购经验可以帮助并购方在后续的跨境并购中更准确地评估目标，降低并购溢价[150]。第三，以往的并购经验可以帮助并购方有效管理并购整合过程，降低并购双方在并购整合中的冲突，提高并购整合效率并降低并购整合的成本[123, 125]。第四，投资者对并购方成功的跨境并购经验有持续性的积极反应，并购方以往成功的跨境并购经验会促使投资者对其后续的跨境并购做出积极反应[151]。

随着研究深入，一些研究发现并购方经验对跨境并购后阶段绩效的作用可能更为复杂。首先，并购方一般的国际经验可能不适用于跨境并购活动，对跨境并购后阶段绩效甚至有不利作用[11]。其次，并购方的并购经验可以缓解文化距离带来的消极影响，间接促进跨境并购后阶段绩效提升[152]。第三，一些研究认为并购方的并购经验与跨境并购后阶段绩效之间应呈倒U形关系[24, 153]。虽然并购经验有利于并购方进行跨境并购交易的各项活动，但是过多的并购经验未必能被并购方全部有效消化和吸收，因此并购经验保持在一个适度水平最佳。

另外，有研究发现，不仅并购方在相同行业（后续并购的行业与之前并购的行业相同）具有的并购经验有利于后续跨境并购后阶段绩效的提升[154]，并购方通过观察学习同行业企业之前的并购经验也可以提升自身后续跨境并购的并购后阶段绩效[27]。

(3)并购方管理层特征

并购方管理层的政治关联对跨境并购后阶段绩效主要表现为消极作用。首先，政治关联可以帮助企业更容易地获取外部资金，降低并购方的融资约束，但是融资约束的缓解也会促使并购方不那么注重投资效率，导致其进行非效率投资[155-156]。其次，政治关联会“捆绑”企业进行非商业目的的并购投资，此类跨境并购通常投资效率更低[78, 156]。第三，东道国（地区）社会会怀疑具有政治关联的外国（地区）并购方的并购动机，怀疑其抱有非商业目的，因此政治关联降低了并购方在东道国（地区）的合法性，合法性缺失提高了并购方承担的交易成本，并且进一步提高了并购后整合的成本[157]。第四，政治关联促使企业在信息披露方面通常采取消极的透明度策略，这会提高企业和市场之间的信息不对称程度，提高其交易成本，也会进一步降低其在东道国（地区）的合法性[156]。一些研究发现了并购方政治关联更为复杂的影响。有研究指出并购方政治关联的作用取决于政府的干预度，当政府干预度较大时，政治关联对跨境并购后阶段绩效的消极作用上升[158]。也有研究发现，并购方政治关联对跨境并购后阶段的长期绩效有显著消极作用，但对跨境并购后阶段短期绩效的作用可能为积极作用，也可能并不显著[140, 159]。

并购方管理层的能力对跨境并购后阶段绩效有积极影响。一方面，较强的管理层能力可以帮助并购方有效评估投资机会，挑选成功率大、预期收益更好的目标进行跨境并购投资[32]。另一方面，较强的管理层能力可以帮助并购方有效管理跨境并购交易过程，降低并购交易的成本[160]。

并购方管理层的境外经历可以有效提升跨境并购后阶段绩效。首先,管理层的境外经历提升了并购方跨文化的整合能力,可以提高整合效率,降低整合成本[161-163]。其次,管理层的境外经历为企业提供了国际化的视野和新的信息渠道,有助于改善并购双方的沟通效率[161-162]。

并购方管理层的过度自信倾向对跨境并购后阶段绩效有消极影响[164]。一方面,管理层的过度自信会使并购方高估跨境并购协同效应的收益,实施非效率的跨境并购投资。另一方面,管理层的过度自信会导致并购方在跨境并购中支付较高溢价。

并购方董事会的独立董事可以发挥监督和咨询功能,有效提升跨境并购后阶段绩效[99]。有研究进一步指出,并购方董事会的外部董事的社会资源可以为企业带来信息优势,并且在并购交易中改善并购双方的沟通效率,从而提升跨境并购后阶段绩效[165]。不过,如果外部董事同时在多个企业任职,其带来的资源优势可能会下降[166]。

并购方董事会的规模对跨境并购后阶段绩效有积极作用[167]。一方面,根据代理理论,更大的董事会有更多的精力和更大的能力处理更多的信息,从而更有效地发挥监督功能,降低代理问题。另一方面,根据资源依赖理论,更大的董事会拥有更广泛的经验和专业知识,能够更好地识别和管控跨境并购交易中的各类风险。

(4)并购方的其他特征

并购方的内部控制质量对跨境并购后阶段绩效有积极影响。首先,高质量的内部控制可以帮助并购方有效识别、防范和管控跨境并购交易中的各类风险,降低交易成本[168-169]。其次,高质量的内部控制可以降低并购方的代理问题,抑制管理层的非效率投资行为[170]。第三,高质量的内部控制可以提升并购双方的沟通效率,对并购后整合具有积极作用[169]。

并购方的机构投资者对其跨境并购后阶段绩效有积极影响[168]。一方面，机构投资者可以发挥监督功能，提高跨境并购交易活动的效率，抑制非效率投资行为。另一方面，机构投资者还可以有效降低企业和市场的信息不对称程度，促进市场对跨境并购投资的正面反应。另外，机构投资者拥有专业的投资知识及更强的信息收集能力，其具有的东道国（地区）知识可以帮助并购方优化并购决策、规避交易风险[77, 171]。

并购方的股权集中度对跨境并购后阶段绩效有双重作用。一方面，股权集中可以使大股东更好地行使监督管理层的职能，缓解股东与管理层之间的代理问题，抑制非效率投资，提高跨境并购交易的投资效率[172]。另一方面，股权集中给了大股东侵占小股东利益的机会，加剧了大股东和小股东之间的代理问题，提高了大股东推行非效率投资的动机，跨境并购后阶段绩效因此受到影响[173]。

并购方的企业规模对跨境并购后阶段绩效有双重作用。一方面，大企业的资金实力更强，可以更好地支持并购后整合，并且大企业的抗风险能力更强，并购后的生存率更高，再者企业规模大更容易形成规模经济优势[28, 145]。另一方面，大企业更容易产生过度自信倾向，进而进行非效率的跨境并购投资[144]。

并购方的企业年龄对跨境并购后阶段绩效有双重作用。一方面，年龄较大的企业具有丰富的经营经验，进行跨境并购时可以有效管控交易风险，并且并购后的整合也更出色[174]。另一方面，年龄较小的企业没有年龄较大企业的僵化问题，经营更灵活、反应更快，更能抓住优良的跨境并购投资机会，并且跨境并购交易活动的效率更高、成本更低[175]。

并购方的历史绩效对跨境并购后阶段绩效有双重作用。一些研究认为，协同效应与并购双方在合并前的绩效密切相关，历史绩效更好的并购方会产生更强的协同效应[176]。另一些研究则发现，具有更好历史绩效的并购方更容易产生过度自信倾向，进行非效率的跨境并购投资[174]。有研究进一步指出，并购方的本国（地区）市场占有率对其跨境并购后阶段绩效也有不利作用，原因是并购方在母国（地区）的市场优势难以延伸到境外，而投资者对这一情形持消极态度[177]。

并购方的研发活动对跨境并购后阶段绩效有积极影响。一些研究指出，并购方在并购前的研发水平越高，并购后产生的协同效应越大[128]。有研究进一步发现，并购方在并购前进行探索式研发及在并购后进行应用式研发对跨境并购后阶段绩效更为有利[178]。探索式研发是对新知识的探求，可以拓宽企业的知识视野，并购前的探索式研发可以帮助并购方识别和选择优质目标公司。应用式研发是对现有知识的挖掘，可以提高企业经营效率，并购后的应用式研发可以以低成本、高效率有效利用并购双方的技术特长，提高协同效应。

并购方的创业导向对跨境并购后阶段绩效有积极作用[179]。创业导向促进企业进行持续的产品和服务创新，并且促进企业积极尝试市场新机会，而非跟随竞争对手，这些都有助于并购方率先获取高质量的目标公司，并建立先发优势。

并购方的融资约束对跨境并购后阶段绩效有显著影响。一些研究从自由现金流角度出发指出，较高的自由现金流会降低并购方对投资效率的追求，容易引发并购方非效率的跨境并购投资[32]。有研究进一步发现，并购方的融资约束对跨境并购后阶段绩效的影响存在门槛效应，当融资约束低于某一水平时其主要表现为消极影响，此时财务资源优势对跨境并购后阶段绩效发挥重要作用，而当融资约束超过某一水平时会引发企业对投资效率的高度关注，抑制并购方的非效率跨境并购投资行为[134]。

中国企业中在A股和H股交叉上市的并购方的跨境并购后阶段绩效更好[81]。一方面，在H股交叉上市使并购方绑定了H股市场监督严格、企业质量好的优良声誉，其跨境并购更容易获得投资者和目标公司的认可，交易成本更低。另一方面，在H股上市促使并购方披露更多、更高质量的信息，降低了并购方和市场的信息不对称，可以提高目标公司对并购方的信任度，并因此降低目标公司的溢价要求。

并购方使用金融对冲工具可以提高其跨境并购后阶段绩效[34]。使用金融对冲工具可以有效防范并购交易过程中的风险，并且可以降低并购双方之间的信息不对称，与交易风险和信息不对称有关的交易成本随之降低。

并购方的财务共享中心对跨境并购后阶段绩效有积极作用[180]。首先，财务共享中心拥有专业的财务技能及高效的信息处理能力，可以有效提升并购整合的效率并降低整合成本。其次，财务共享中心具有协调统筹企业集团内所有财务资源的能力，可以有效提高并购双方的财务协同效应。第三，财务共享中心因为汇集集团内部企业的财务信息，可以有效降低母公司与子公司之间的信息不对称，抑制子公司的代理问题。

并购方的会计稳健性对跨境并购后阶段绩效有积极影响[181]。一方面，会计稳健性可以缓解并购方的代理问题，抑制其管理层进行非效率的跨境并购投资。另一方面，会计稳健性提高了并购方的会计信息质量，可以帮助并购方更容易地获得外部融资，以支持并购后整合。

(5)目标公司特征

目标公司最受关注的特征是上市状态和行业属性。跨境并购上市公司目标的并购后阶段绩效通常更差[182-183]。一方面，上市公司的投资者众多，其投资者的权利通常受到监管部门的严格保护，这会导致并购上市公司目标的交易成本更大。另一方面，上市公司目标众多的投资者和利益相关方导致并购方成功获取目标需要支付更高的并购溢价。

多数研究发现并购东道国(地区)国防、战略资源、高科技、电信和金融等敏感行业的目标并购后阶段绩效更好。首先,这些行业的资源通常都是高价值的关键资源,很难获取到,一旦获取将为企业带来竞争力的极大提升[86]。其次,这些敏感行业通常发展潜力大、增长率高,并购这些行业中的目标为并购方提供了新的增长点[184]。第三,这些敏感行业通常受到东道国(地区)的严格管制,外国(地区)企业一般很难进入当地市场,通过并购并购方可以进入东道国(地区)的市场[86]。第四,这些敏感行业通常受到东道国(地区)的优惠政策支持,并购其中的目标可以享受东道国(地区)的政策优惠[184-185]。不过,仍有少数研究指出,并购东道国(地区)敏感行业的目标会支付更高的并购溢价,不利于并购后阶段绩效的提升[182]。

企业创新能力对产品和服务的更新、运营效率的提升都有重要作用,并购具有高创新能力的目标公司可以显著提升并购方的跨境并购后阶段绩效[186]。

目标公司的规模对跨境并购后阶段绩效有积极作用[176]。一方面,并购规模较大的目标公司并购方可以获得更多有价值的资产,形成更大的协同效应。另一方面,并购较大的目标公司更容易形成规模经济效应。

目标公司的会计信息相关性对跨境并购后阶段绩效有消极影响[187]。当目标公司的会计信息相关性较高时,并购双方的信息不对称程度较低,双方能够议定一个对双方都相对公平的交易价格。但当目标公司的会计信息相关性较低时,并购双方的信息不对称程度上升,并购方处于信息劣势,此时并购方会降低支付溢价以防范风险,这间接减少了并购方的并购成本。

(6)并购方和目标公司的差异

并购方和目标公司之间的行业相关性对跨境并购后阶段绩效有积极作用。一方面,在相关行业进行并购并购方面临的信息不对称程度更低，并购后整合难度小、整合成本低[188]。另一方面，在相关行业进行并购并购双方拥有相近的业务和资源，更容易形成协同效应[188-189]。

(7)并购双方的互动行为

并购后整合水平对跨境并购后阶段绩效有双重作用。一方面，较高的整合水平可以有效地将并购双方的资源重新部署和开发，对协同效应的发挥有重要积极作用，并且较高的整合水平可以有效提高内部运营效率、降低运营成本[190-191]。另一方面，较高的整合水平也需要较高的整合成本来支撑，并且让子公司保持一定的自治权可以提高其经营灵活性，有助于其把握市场机会[192]。

并购后并购双方之间的知识转移对跨境并购后阶段绩效有积极作用。知识是企业竞争力的重要基础，很多并购的主要目的就是获取先进知识与技术。知识在并购双方之间的转移一方面可以提升企业集团的整体竞争力，促进协同效应发挥[18, 190]，另一方面知识转移引起的知识融合还会进一步促进企业的产品、服务创新[193]。

并购后目标公司员工的留任对跨境并购后阶段绩效有积极作用。一方面，目标公司的员工是企业的重要资源，尤其是掌握企业技术、管理惯例等的关键员工，这些员工的留任对协同效应的发挥具有重要作用[18]。另一方面，对目标公司员工的留任可以降低并购后整合的阻力，降低并购整合成本、提高并购整合效率[193]。

并购双方事前建立联盟关系对跨境并购后阶段绩效有积极影响[194]。并购双方事前建立联盟关系可以促进双方的信息交换，降低双方的信息不对称程度，从而减少后续并购活动的交易成本，并且促进双方并购后的高效整合。

3)交易层面因素

现有研究讨论较多的交易层面因素有并购交易规模、股权并购比例和支付方式。

并购交易规模对跨境并购后阶段绩效有双重作用。多数研究认为较大的并购交易规模更为有利。首先,较大的并购交易规模意味着获取的资源更多,能够形成更大的协同效应。其次,较大的并购交易规模更容易形成规模经济。第三,大型的并购交易通常会进行更精确的估值,且面临的竞购者也更少,因此并购的交易成本会更低[28,105,195]。少数研究指出,较大的并购交易规模导致并购整合的复杂度更高、难度更大,提高了并购整合的成本[174]。

股权并购比例对跨境并购后阶段绩效有积极作用。并购方取得的目标公司的股权比例越高,其对目标公司的控制力度就越大,其经营决策在目标公司就越容易得到实施,因此,跨境并购后整合的阻力更小,内部经营活动的效率也更高[195-196]。

支付方式对跨境并购后阶段绩效有显著的影响,现金支付和股票支付各有优势。现金支付有以下优势:首先,并购方使用现金支付不仅传递出自身具有强大资金实力的信号,还传递出自身市场价值被低估的信号,这些都会提升投资者对并购方跨境并购投资的信心[197-199];其次,并购方使用现金支付表达了对并购后合并经营的信心,向市场表明此次跨境并购交易的风险较低[197,200];第三,相比于股票支付,现金支付不需要和目标公司的股东分享所有权,并购后的协同成本更低[197];第四,现金支付的资金通常来源于债务融资,在债务成本的压力下并购方会极力避免非效率的跨境并购投资[176,201]。股票支付有以下优势:首先,股票支付保留了目标公司股东的所有权,使得并购双方的股东共同承担并购后合并经营的风险,在此情形下并购双方的利益趋于一致,因此股票支付有效降低了并购后合并经营的治理风险[202];其次,由于股票支付保留了目标公司的股东在并购后继续参与经营,并购双方的信息不对称程度也进一步降低了,这有利于形成更好的协同效应[202-203]。

并购方聘请专业咨询机构有助于提升跨境并购后阶段绩效[91]。

专业的咨询机构拥有更强的信息收集能力和分析能力，其提供的有关东道国（地区）的知识可以帮助并购方选择高价值并购目标、防范东道国（地区）制度环境风险等，进而降低并购的交易成本。

并购方在并购前对目标公司进行详细评估可以有效提高跨境并购后阶段绩效[204]。并购前对目标公司的详细评估可以降低并购双方的信息不对称，帮助并购方选择优质并购目标、规避交易风险，并且促使并购双方合理定价、抑制投机行为。

并购方的并购动机对跨境并购后阶段绩效有显著影响。有研究发现并购方进行的开发型跨境并购（或资源深化型跨境并购）的并购后阶段绩效要好于探索型跨境并购（或资源扩展型跨境并购）的并购后阶段绩效[205-206]。探索型的并购旨在获取新知识、新技术，从而使并购方能进入新的技术领域。开发型的并购主要利用已有知识及和已有知识密切联系的部分新知识，从而使并购方可以拓宽原有业务。因此，相比于开发型并购，探索型并购面临的信息不对称程度更高，交易风险更大，并且并购后整合新技术的成本也更加高昂。

另外，采用要约收购方式通常要支付更高的并购溢价，因此采用谈判交易方式的跨境并购后阶段绩效通常更好[176]。

2.2 制度距离影响企业跨境并购绩效的相关研究

2.2.1 制度距离对跨境并购成败的影响

制度距离是最广受讨论的影响跨境并购成败的宏观因素之一，现有研究对正式制度距离和非正式制度距离的影响均做了详细讨论，不过现有研究结论对制度距离如何影响跨境并购成败仍然存在较大分歧。

一些研究认为正式制度距离对跨境并购达成有消极影

响[43, 83, 207]。首先,正式制度距离会加剧并购方在东道国(地区)的合法性缺失问题,合法性的缺失会导致跨境并购交易遭受更严苛的政府审查,并降低目标公司和东道国(地区)公众对并购方的信任,进而提高跨境并购交易失败的风险[2, 57]。其次,正式制度距离造成了严重的信息不对称问题。信息不对称一方面提高了交易双方的信息搜索成本,另一方面还造成信息分析的复杂度上升,这些都进一步加大了并购双方谈判的难度[57, 71]。第三,正式制度距离的存在使得并购方难以正确解读和应对东道国(地区)社会的互动规则。难以把握东道国(地区)社会的互动规则造成了两个不利后果,一是交易可预测性降低,并购方难以预先制订并购对策以应对交易风险[71],二是并购谈判中出现冲突的可能性增大,因冲突放弃交易的概率上升[2, 6, 57]。

另一些研究认为正式制度距离对跨境并购达成有积极影响。首先,正式制度距离越大,东道国(地区)拥有的资源和技术相对于母国(地区)的资源和技术异质性越强,在此类东道国(地区)并购并购方能获得更加多样性的资源,提升自身竞争力[13-14]。其次,正式制度距离导致母国(地区)和东道国(地区)具有不同的比较优势,企业可以利用不同国家(地区)的比较优势进行制度套利,随着正式制度距离的增大,进行制度套利的空间也变大了[9, 13-14]。

另外,也有少数研究认为正式制度距离对跨境并购达成并无显著影响[208-209]。

非正式制度距离(或称文化距离)对跨境并购达成的影响同样复杂。一些研究认为非正式制度距离对跨境并购达成有消极影响[210]。首先,非正式制度距离越大表明并购双方在文化观念、认知习惯等方面的差异越大,并购双方在文化、认知等方面的差异会降低相互间的信任,不利于达成交易共识[6, 210]。其次,非正式制度距离导致并购双方在价值判断、估值方法和谈判风格上有显著不同的倾向,价值判断和估值方法的差异会导致对交易定价的严重分歧,谈判风格的不同则会加剧双方在谈判中的冲突[8-9]。第三，非正式制度距离加剧了并购双方的信息不对称。信息不对称一方面使并购双方的信息收集活动难度变大[6,47]，另一方面降低了并购双方的沟通效率，造成谈判困难[47,210]。第四，非正式制度距离的存在导致并购方难以正确解读和应对东道国(地区)的互动规则，从而加剧了谈判冲突，不利于并购双方达成共识[2,8,71]。

另一些研究认为非正式制度距离对跨境并购达成有积极影响。首先，非正式制度距离可以促进并购双方的文化互补，从而提升协同效应[13-14]。其次，非正式制度距离可以促进企业的学习行为，进而激励企业创新[13]。第三，非正式制度距离可以帮助企业获取异质性的资源，提升自身竞争力[14]。第四，非正式制度距离为企业提供了制度套利的机会，可以让并购方接入并利用东道国(地区)的比较优势[14]。

另外，仍有少数研究认为非正式制度距离对跨境并购达成的作用并不显著[208]。

2.2.2 制度距离对跨境并购时长的影响

关于制度距离如何影响企业跨境并购时长，现有研究尚无定论。多数研究发现正式制度距离缩短了跨境并购时长。首先，正式制度距离提供了并购双方利用各自优势的良好机会，正式制度距离越大，并购双方自身优势的互补性越强[16,211]。其次，正式制度距离越大，东道国(地区)和母国(地区)所处的经济周期差异、资产价格差异越大，在正式制度距离较大的东道国(地区)并购，并购方一方面可以分散自身风险，另一方面可以低价获取有价值资源[209,211]。另一些研究认为正式制度距离会延长跨境并购时长。正式制度距离提高了交易环境的复杂度，一方面并购双方均需花费更多时间去应对复杂交易环境带来的风险，另一方面并购方遵守东道国(地区)难以理解的规则也需要更长的适应时间[6-7]。另外，有少数研究认为正式制度距离对跨境并购时长并无影响，原因是并购前尽职调查的存在致使并购时长不应受到国家(地区)间制度距离差异的影响[208]。

多数研究发现非正式制度距离可以缩短跨境并购时长，原因在于文化差异促进了并购双方之间的学习行为，有利于发挥互补效应[16-17, 211]。另一些研究则认为非正式制度距离延长了跨境并购时长。首先，文化差异提高了交易环境的复杂度[7]。其次，文化差异使得信息收集工作的难度增大，因此也更为耗时[6]。第三，文化差异还导致并购双方并不容易信任对方，为了完成跨境并购，双方需要花费更多时间去建立相互信任[6]。另外，有少数研究强调尽职调查的作用，认为非正式制度距离对跨境并购时长并无影响[208]。

2.2.3 制度距离对跨境并购后阶段绩效的影响

相比于跨境并购成败和跨境并购时长，有关制度距离如何影响跨境并购后阶段绩效的讨论出现较早，因此有大量研究对这一问题进行了讨论，目前已有研究的结论仍然存在较大的分歧。多数研究指出正式制度距离对跨境并购后阶段绩效有消极影响[212]。首先，正式制度距离导致并购方在东道国(地区)的经营具有显著的外来者劣势。通常东道国(地区)和母国(地区)的正式制度环境具有显著差异，并购方在东道国(地区)经营需要重新适应新的正式制度环境，因此并购方在东道国(地区)的经营成本要高出东道国(地区)的本地企业，两国(地区)间正式制度距离越大，并购方的这种外来者劣势的成本就越大[5, 12, 29, 196, 213-214]。其次，正式制度距离造成两国(地区)社会严重的信息不对称，由此增加了并购方与之相关的交易成本。信息不对称提高了并购方收集信息、分析信息的成本，这一方面增加了并购前阶段双方沟通和谈判的成本，另一方面还提升了并购后的运营成本[4-5, 12, 196, 215]。第三，正式制度距离导致并购方在东道国(地区)缺乏合法性，正式制度距离越大，并购方的合法性缺失问题越严重。

合法性的缺失会降低东道国(地区)社会对并购方的认可和信任,阻碍并购方在东道国(地区)获取外部资源,而在存在正式制度距离的东道国(地区)建立合法性需要付出巨大的额外成本[3-4, 213, 215-217]。第四,正式制度距离加剧了并购双方的冲突,提高了并购后整合的难度,而良好的并购后整合是保证合并经营绩效的关键,为了顺利完成整合,在正式制度距离大的东道国(地区)并购方不得不付出更高的整合成本[3, 11, 126]。第五,正式制度距离阻碍了资源在并购方和目标公司之间的转移,进而削弱了协同效应的发挥[11]。第六,正式制度距离增加了企业跨境经营的委托代理问题成本。企业跨境经营运行在不同的制度环境中,正式制度距离越大,母公司对目标公司经营活动的监督难度和成本就越高[12]。第七,正式制度距离导致并购方难以正确理解和应对东道国(地区)的政策约束,增大了并购方在东道国(地区)的经营风险[5, 137, 216]。

现有研究仍然指出了正式制度距离的积极作用。正式制度距离为企业提供了制度套利的机会,因而可以提升企业跨境并购后阶段绩效[15],部分研究的实证结果也支持了这一结论[131, 145, 218]。

有研究认为正式制度距离的作用可能更为复杂,具体而言,正式制度距离对企业跨境并购后阶段绩效的作用可能取决于整合水平。由于并购方和目标公司运营在不同的制度环境中,因此较高水平的并购整合、结构性的整合可能加剧企业的内部冲突,而给予目标公司一定程度独立运营的权力可以让其更好地适应东道国(地区)经营环境,从而提高绩效[12]。另外,有部分研究发现正式制度距离对企业跨境并购后阶段绩效的作用并不显著[219-220]。

对非正式制度距离(文化距离)影响的讨论略早于正式制度距离,因此相关的研究更为丰富。多数研究认为非正式制度距离对企业跨境并购后阶段绩效有消极影响。首先,文化距离加剧了组织内冲突,导致并购后整合的难度和成本上升,不利于协同效应的发挥[5, 8, 10, 28, 32, 153, 191, 221-225]。其次，文化距离导致并购方在东道国(地区)缺失合法性，合法性的缺失一方面带来了额外的经营风险，另一方面重新建立合法性也需要付出巨大的成本[125, 216-217, 226]。第三，文化距离加剧了并购双方的不信任程度，致使并购交易谈判的成本和并购后经营的成本均上升[5, 221, 226]。第四，文化距离导致并购方和目标公司对相同事物也会存在理解偏差，因此造成并购双方沟通困难，进而降低了企业资源重新配置的效率[10, 219, 226]。第五，文化距离导致并购方对东道国(地区)市场认识不足，容易促使其支付较高的并购溢价[222]。第六，文化距离造成严重的信息不对称问题，增加了并购方在东道国(地区)的运营风险[123, 196, 212]。一些研究的实证结果也支持了文化距离的消极作用的结论[119, 227-228]。

文化距离同样具有一些积极作用。首先，文化距离提供了接触不同的惯例和规制的机会，并购方通过学习可以提升经营能力，并促进创新活动[18-19]。其次，文化距离越大，并购双方的互补越强，能够形成更大的协同效应[96, 229]。一些研究的实证分析结论也支持了文化距离的积极作用[105, 147, 185, 199, 215, 230]。

一些研究认为文化距离的作用更为复杂。张艾莲等[121]发现，东道国(地区)和母国(地区)在个人主义/集体主义方面的文化差异会显著降低并购方的跨境并购后阶段绩效，因为无论是并购方还是目标公司，倾向于个人主义的一方会更注重自身的利益而非集体利益，这会加剧双方冲突而不利于合并经营。然而，李洪等[231]发现，当东道国(地区)的集体主义倾向强于母国(地区)时，并购方可以“占目标公司的便宜”，争取对自己更为有利的条件，从而提升并购后阶段绩效。也有研究认为，文化距离的作用取决于并购整合的水平，较高的整合水平会加剧组织内的文化冲突，此时文化距离会降低并购后阶段绩效，而较低的整合水平有利于文化距离发挥其互补效应[232]。康(Kang)等[152]支持了这一观点，其研究以并购规模测度整合复杂度，发现整合复杂度较大时文化距离的作用表现为负，整合复杂度较低时文化距离的作用表现为正。穆罕默德(Ahammad)等[233]和雷乌斯(Reus)等[234]进一步指出，文化距离和并购整合有更复杂的互动，虽然文化距离阻碍了企业并购整合能力的发展，但是文化距离也提升了整合能力对并购后阶段绩效的积极作用。瓦西利基(Vasilaki)[31]认为文化距离发挥何种作用取决于并购方拥有什么样的领导风格，并购方变革型的领导风格可以促进企业捕捉文化距离带来的机会并创造协同效应。迪科娃(Dikova)等[235]认为文化距离的作用取决于并购方的经验，经验丰富的并购方善于解决冲突，可以有效发掘文化距离带来的潜在机会，而经验欠缺的并购方不太可能从文化距离中受益。另外，有部分研究认为文化距离对跨境并购后阶段绩效并无显著影响[220, 236-237]。

2.3 现有文献述评

现有跨境并购领域的研究从国家(地区)层面、企业层面和交易层面探讨了影响企业跨境并购绩效的因素，这些影响因素涵盖了宏观和微观的方方面面。早期的研究中探索性的实证研究很多，后来的研究则更加注重对单个因素进行深入的理论和实证分析。并且，近期的研究对宏观因素的关注较多。经过长期发展，相关研究的成果已经十分丰富。

现有研究对制度距离如何影响跨境并购后阶段绩效的讨论较早，而对制度距离如何影响跨境并购成败、跨境并购时长的研究相对较晚，并且现有研究对非正式制度距离作用的讨论早于正式制度距离。总的来看，关于制度距离如何影响跨境并购后阶段绩效的研究最为丰富，相关理论也最为多样；关于制度距离如何影响跨境并购成败的研究次之；而关于制度距离如何影响跨境并购时长的研究最少。

另外，近期的研究以偏实证分析的居多，有关制度距离作用的理论分析基本沿用了早期研究的理论。

对现有研究梳理、分析发现：

第一，现有研究对制度距离如何影响企业跨境并购绩效仍然存在严重的分歧。现有研究对制度距离如何影响跨境并购成败、跨境并购时长和跨境并购后绩效均有相互矛盾的结论。虽然近期的研究基本沿用了早期研究的理论，但是矛盾的结论却不断出现。本书认为，随着该领域研究的日渐丰富，广泛存在的分歧已经无法仅归因于计量方法或样本选择上的差异，问题的根源在于现有的理论构建存在不足，有关制度距离作用的理论亟待更新。

第二，现有研究对制度距离的积极作用认识不足。制度距离影响跨境并购的早期研究首先发现的是非正式制度距离对跨境并购后绩效的积极作用，但是早期的研究对这种积极作用的认识较为模糊，莫罗西尼(Morosini)等[19]将其定义为“文化距离提供了获取嵌入不同文化中的惯例和规制(routines and repertoires)的机会”。后续的研究未能在这一概念上深入挖掘，多数研究转向支持制度距离具有消极作用的观点。尽管少数研究将这一积极作用引申为“制度距离可以帮助企业获取异质性资源”，但是此处“资源”的概念仍然过于宽泛或模糊，并因此这一定义在逻辑上具有明显的缺陷。如果我们考察“文化距离如何带来煤炭资源或水资源?”这类问题，其中的逻辑缺陷就显而易见。从计量本质上看，文化距离和异质性资源是相关关系，而非因果关系，因此这一引申作为制度距离积极作用的理论支撑是欠妥当的。近期的研究提出了“制度套利”的概念，这一概念作为制度距离积极作用的理论支撑是合格的，但这一概念仍然没有被深入分析。对制度距离积极作用的认识不足导致现有研究仍然无法解释某些跨境并购实践。

第三，现有研究对正式制度距离和非正式制度距离的差异认识不足。大多数现有研究在理论分析时将正式制度距离和非正式制度距离的作用分开讨论,但是其中相当一部分研究分析正式制度距离和非正式制度距离的作用所用的理论却是相同的;另一些研究虽然针对两者应用了不同的理论,但是这些理论实际上却同时适用于正式制度距离和非正式制度距离;甚至有研究利用相同的理论逻辑,针对正式制度距离和非正式制度距离的作用推出了相反的结论,但与此同时却并未区分正式制度距离和非正式制度距离的差异。从这些研究现象来看,现有研究一方面在概念上区分正式制度距离和非正式制度距离(因为沿用了诺思的概念),另一方面却在理论分析中对正式制度距离和非正式制度距离的作用认识不清,或将两者视为同质。上述理论上的认识不足,一方面导致理论分析的逻辑混乱,另一方面导致现有研究存在大量矛盾结论。

第四,现有研究以静态观点认识制度距离的作用。由于现有研究对制度距离如何影响跨境并购后阶段绩效的考察较早,很多有关制度距离作用的理论形成于此时期,后续有关制度距离影响跨境并购成败和跨境并购时长的研究多数借鉴了制度距离影响跨境并购后阶段绩效的理论。但是,跨境并购后阶段绩效、跨境并购成败和跨境并购时长处于并购活动的不同阶段,制度距离影响跨境并购后阶段绩效的理论有些可以直接移植到跨境并购成败、跨境并购时长的研究中,有些则不能。然而,不当移植理论的现象普遍存在于现有研究之中,导致很多理论构建存在逻辑上的缺陷。这种不当移植理论的现象,背后的原因是现有研究对制度距离作用的认识趋于静态,认为制度距离的作用在跨境并购的各个阶段一成不变。

以上发现的问题为进一步发展制度理论提供了突破口,新的研究可以在上述方向深入分析,从而拓展现有理论,解决目前研究结论相互冲突的问题。

2.4　本章小结

影响企业跨境并购绩效的因素可以分为国家(地区)层面、企业层面和交易层面三个层面。国家(地区)层面的因素包括东道国(地区)和母国(地区)的特征、东道国(地区)和母国(地区)之间的各类差异(或称距离)、国家(地区)间互动行为、世界经济环境等;企业层面的因素主要是并购方和目标公司的各类特征与行为;交易层面的因素跟具体的每一笔交易有关,随着交易的不同而变化。

通过梳理分析现有研究的理论、逻辑和研究结论发现:已有研究对于制度距离(正式制度距离和非正式制度距离)如何影响跨境并购成败、跨境并购时长和跨境并购后阶段绩效仍然存在严重的分歧(积极作用或消极作用);已有研究对制度距离的积极作用认识不足,导致现有理论仍然无法解释某些跨境并购实践;已有研究对正式制度距离和非正式制度距离的差异认识不足,致使理论分析的逻辑混乱,并且导致大量矛盾结论;现有研究以静态观点认识制度距离的作用,认为制度距离的作用在跨境并购的各个阶段一成不变。

第 3 章　理论分析与假设

3.1　研究模型

本书使用组织合法性理论和信息不对称理论来分析制度距离的消极作用；拓展制度套利理论，并引入企业知识理论和技术扩散理论，来分析制度距离的积极作用。在此基础上，辨析正式制度距离和非正式制度距离的异质性作用，进而从动态视角出发，采用递进式论证方式，逐步分析正式制度距离和非正式制度距离对并购前阶段绩效（跨境并购成败、跨境并购时长）和并购后阶段绩效（跨境并购后短期经营业绩和长期经营业绩）的影响。

本书的研究模型如图 3－1 所示。针对正式制度距离对各阶段跨境并购绩效的影响，本书提出假设 H1、H3、H5 和 H7。针对非正式制度距离对各阶段跨境并购绩效的影响，提出假设 H2、H4、H8，以及竞争性假设 H6a、H6b。

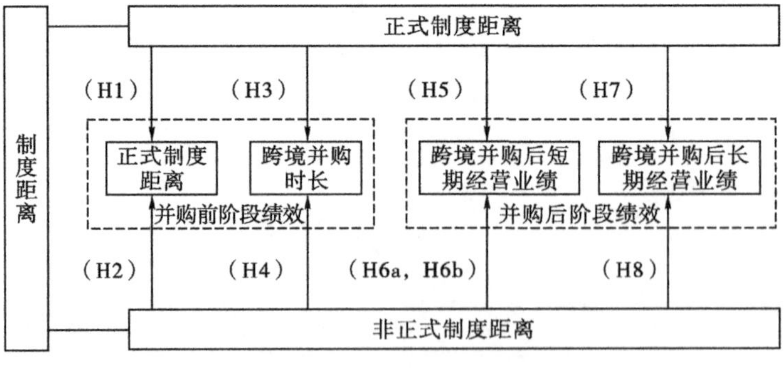

图 3－1　制度距离对企业跨境并购绩效的影响

通过考察以上 8 项(组)假设,可以观察正式制度距离和非正式制度距离的影响在不同跨境并购阶段的变化,还可以观察在同一跨境并购阶段正式制度距离和非正式制度距离影响的不同。

3.2 制度距离的作用

制度距离(包括正式制度距离和非正式制度距离)同时具有积极作用和消极作用。制度距离的消极作用(或称成本效应)主要是造成了合法性缺失和信息不对称这两个问题,这两个问题给跨境并购带来了高昂的交易成本。合法性缺失和信息不对称也是企业跨境经营的外来者劣势(liability of foreignness)的重要来源。制度距离的积极作用(或称收益效应)在于为企业提供了制度套利的机会和积累新知识的机会。

本书对前人研究进行理论分析发现,无论制度距离对跨境并购活动的消极影响表现为何种具体形式,如引起东道国(地区)政府更严格的审查、增大谈判难度、影响并购后整合等,其消极作用均可以溯源到"造成合法性缺失"和"造成信息不对称"两类影响机制;制度距离的积极作用则可以溯源到"提供制度套利机会"和"帮助企业获取异质性资源"(如促进互补、提升协同效应等)两类影响机制。本书在文献述评中指出了现有研究对制度套利机制的认识不足,以及"帮助企业获取异质性资源"这种影响机制的理论缺陷,针对这两个问题,本节进一步拓展了制度套利理论,并在制度理论基础上引入企业知识理论,提出制度距离具有提供积累新知识的机会的积极作用。

3.2.1 造成合法性缺失

合法性(legitimacy)问题在政治科学领域和组织科学领域均是重要的议题,本书所讨论的合法性缺失问题是组织科学领域的合法性问题。萨奇曼(Suchman)[238]定义合法性为：一个实体的行动在某些社会建构的规范、价值观、信仰和定义体系内是可取的、合适的或恰当的。组织合法性研究的实体便是组织，具体于本书而言，这一实体就是企业组织。组织合法性所指的“法”并非国家的法律法规，而是更为宽泛的概念，它可以是社会中的规范、价值观、信仰等一切社会规则。从规则的角度来看，这里的“法”就是本书所讲的“制度”。所谓组织的行动是可取的、合适的、恰当的，指的是组织的行动受到所处规则体系的认可。简而言之，组织合法性就是一个组织合乎社会制度从而受到社会的认可。

组织合法性理论指出，企业的存在和发展必须以被社会认可和支持为基础[238]。企业的经营活动离不开与利益相关者(政府、社会公众、供应商、客户等)的互动，如政府和社会公众对其经营活动的许可和认可、供应商配合其供应链建设、客户购买其产品与服务等，为了顺利开展经营活动，企业必须获得这些利益相关者的认可和支持[239]。组织合法性的战略视角观点认为，合法性是企业获取其他资源的重要资源[240]，企业获得合法性便能便利地获得外部资源以支持其健康发展，企业缺失合法性则会难以获取所需资源或因此需要付出额外的巨大成本[238, 241-242]。就跨境并购而言，并购方在东道国(地区)缺失合法性会阻碍其进入东道国(地区)，并且提高其在当地的运营成本[2, 4, 239, 243]。企业、利益相关者和他们之间的互动行为均内嵌在一定的制度环境中，要取得利益相关者的认可和支持，企业必然要合乎这些制度，因为正是这些制度定义了互动行为如何进行[21]。企业可以通过遵守外部制度来获取一定的合法性，也可以通过实行外部制度提倡的活动来进一步提升自身合法性，如进行慈善捐助、履行社会责任等[244]，无论以何种方式建立合法性，其行动必然产生成本。

制度距离加剧了并购方在东道国(地区)的合法性缺失。首先，制度距离的存在是造成合法性缺失的主要原因之一[216, 245-247]。并购方长期运行在母国(地区)的制度体系中,其组织结构、组织惯例、行为模式均以母国(地区)的制度体系为基础,其长期以来的行为逻辑都是为了符合母国(地区)的制度规则。然而,东道国(地区)的制度体系通常和母国(地区)的制度体系有显著的不同,合乎母国(地区)制度体系的并购方并不能天然的合乎东道国(地区)的制度体系。并且,制度体系的差异导致并购方难以理解并正确解读东道国(地区)的制度环境,也难以良好应对与东道国(地区)社会的互动,因而难以取得东道国(地区)利益相关者的支持[6, 239, 248]。同时,从东道国(地区)社会的角度来讲,东道国(地区)社会对并购方母国(地区)的制度体系同样是难以理解的,面对具有母国(地区)制度特色的并购方,东道国(地区)社会对其难以接受是常态。简言之,制度体系的差异既导致并购方难以合乎东道国(地区)的制度规则,也导致东道国(地区)社会排斥并购方。其次,制度距离越大,企业建立合法性的难度和成本就越大[239, 248-249]。并购方要在东道国(地区)建立合法性就必须调整自身和自身行为以符合东道国(地区)社会的制度要求。两国(地区)间的制度距离越大,并购方面对的规则复杂度就越高,并且需要做出的改变也越多,因而也需要付出更多的时间、人力和资金成本。

3.2.2 造成信息不对称

制度距离是造成信息不对称的主要原因之一[250-251]。母国(地区)和东道国(地区)的制度体系不同,两国(地区)社会在制度领域拥有非对称的信息。并购方进入东道国(地区)会面对东道国(地区)制度体系的大量非对称信息,同样的,东道国(地区)社会在审视具有母国(地区)制度特色的并购方时也会面对非对称信息。杜晓军等[215]、格奥尔基耶娃(Georgteva)等[252]、K. S. 雷迪(K. S. Reddy)[253]和P. K. 雷迪(P. K. Reddy)等[254]的研究表明,国家(地区)间正式制度的差异是造成跨境经营信息不对称的重要因素,迪科娃(Dikova)

等[6]、杨利红等[196]、李(Li)等[250]、波厄(Boeh)[253]和慕克吉(Mukherji)等[256]的研究则发现了非正式制度距离的同样作用。随着制度距离的增大,信息不对称的程度越发加重[257-258]。制度距离越大,表明东道国(地区)和母国(地区)之间制度领域的非对称信息规模越大、复杂度越高,因而信息不对称的程度也越大。

信息不对称对企业跨境并购有严重的消极影响。信息不对称提高了并购双方收集信息、分析信息的成本,降低了沟通效率,阻碍信任建立,并且信息不对称催生了目标公司的逆向选择行为、机会主义行为,进而抬高了并购方支付的并购溢价,信息不对称还加剧了并购后的道德风险,给并购后整合过程带来困难[4, 47, 57, 250, 259-260]。

3.2.3　提供制度套利机会

传统的套利主要是指价格套利,如将商品或服务以低价买进高价卖出,或将资金从低利息地区转移到高利息地区储蓄。价格套利是利用价格差异谋利的行为,上述两种套利行为便是利用了商品价格差异、利息价格差异。制度套利是利用制度差异谋利的行为[261-262]。利用制度差异谋利的行为并不新鲜,例如跨境企业利用各国(地区)税率的不同进行避税,又例如跨境企业利用各国(地区)环保标准的差异规避监管和环保成本,将污染高的生产环节转移到环保标准低的国家(地区),这样就可以规避来自高环保标准国家(地区)的监管,并省去相应的环保支出。

不过,制度套利并不仅仅是规避监管这么简单,除了可以利用制度差异降低成本外,也可以利用制度差异直接创造收益。例如,英国人对猪的食用范围非常有限,而中国人对猪的食用范围很广,英国人便将在英国难以利用的猪耳朵大量出口到中国,这就是利用了文化规则的差异来谋利①。

中国OPPO旗下子品牌一加手机在非洲尼日利亚的成功是利用制度差异创造收益的另一个典型例子。与中国不同,尼日利亚电信运营商众多但每家运营商网络覆盖的范围有限,因此当地人需要办理不同运营商的多个电话卡才能维持日常的通信,并且尼日利亚经常停电,还有尼日利亚的人口主要为黑人。对此,一加手机很早(2007年)就研发了多卡多待手机、超大电容量手机,并且特别针对黑人肤色进行了拍照和美颜功能的设计,还为相关技术申请了专利。

在此过程中,一加手机是如何进行制度套利的呢?首先,中国的电信运营商网络覆盖广,即使只用其中一家运营商的电话卡也可以满足全国通信的需求,而且中国电力系统强大,手机充电不成问题,因此多卡多待手机、超长续航手机虽然技术上可行,但当年并不能在中国成为好的卖点,也就是不能形成竞争优势。但是,这些功能在尼日利亚却是实实在在的竞争优势。同样的技术功能在不同的地方产生的效果却非常不同,这就是利用了社会制度的差异。其次,中国人口以黄种人为主,中国社会并没有关于黑人拍照、美颜的文化,因而长期以来也无这一领域的知识与技术积累,尼日利亚在拍照、美颜领域与中国的文化差异直接促使一加手机研发出了新的知识、新的技术,形成了新的企业竞争优势。

没有差异套利便无从谈起,制度差异是制度套利的基础[263-264]。国家(地区)间的制度距离为企业提供了跨境制度套利的机会[265]。制度理论指出,不同的制度环境对同一项经济活动具有不同的支持力度,某个经济活动在一些制度环境中受到支持,在另一些制度环境中可能受到排斥,一些学者称此为“比较制度优势”(comparative in-

① 有关此例详情见 https://www.guancha.cn/indexnews/2012_05_17_74621.shtml。

stitutional advantage)[266-267]。制度套利的本质就是利用不同制度对同一活动支持力度的差异套利。由于支持力度不同,同一项活动在一些制度中可以获利或成为竞争优势,在另一些制度中就不能获利或成为竞争优势。从交易成本视角来说,制度为经济交换提供了结构,从而决定了交易的成本,不同的制度安排具有不同的交易成本代价[21]。跨境企业将其价值链的各个环节分散到不同的国家(地区),为的就是获得最佳的比较制度优势或交易成本代价[261, 267-268]。制度距离越大,制度套利的空间也越大[216, 266]。一方面,制度距离越大,两个制度体系拥有的相互不同的规则的数量越多,这意味着企业进行制度套利的机会也越多。另一方面,制度距离越大,两个制度体系中相似规则对同一经济活动支持力度的差异也越大,这意味着制度套利机会的收益空间更大。

如上面几个案例所述,企业会通过制度套利建立竞争优势[217, 261]。学者[263, 269]指出,标准化和规模经济并非企业在全球化过程中建立竞争优势的唯一方法,利用国家(地区)间的差异进行套利是另一种重要的战略。克劳森(Clausen)[270]发现制度套利对企业的产品创新有积极影响,戈利科娃(Golikova)[271]则发现制度套利是许多企业进行境外投资的主要原因。

3.2.4 提供积累新知识机会

有关企业竞争优势来源的理论经历了几个发展阶段。早期的研究认为,企业的竞争优势取决于企业所处的市场结构与市场机会,这一观点认为企业的竞争优势是外生的。随后的理论则转向内生观点,企业资源基础观理论(resource - based view of firm)认为,企业由一系列资源组成,一个企业就是一组资源的组合,企业的竞争优势来源于企业所拥有的资源[272]。企业能力理论认为,由于多数资源可以从市场上获取,企业的竞争优势来自企业如何配置、开发和保护资源,也就是企业能力[273]。那么什么决定了企业的能力呢?企业知识理论(the knowledge-based theory of the firm)随后指出,企业的能力是由企业掌握的知识决定的[274-275]。企业知识理论指出,知识是一种重要的生产投入,企业是知识的集合体,企业的竞争优势来源于其所具有的知识[275-277]。为了保持竞争优势,企业必须不断获取新知识,扩充现有知识存量[278]。

制度距离提供了获取新知识的机会。首先,制度规则本身就是重要的经营知识,东道国(地区)异于母国(地区)的制度为企业提供了新的知识。组织合法性理论指出,企业经营必须合乎外部制度要求,因此制度规则是企业经营需要掌握的重要知识。企业学习不同国家(地区)的制度规则,就可以建立适应不同国家(地区)制度环境的企业能力,从而拓展发展空间。制度距离越大,意味着新知识的规模越大,新知识的异质性越强。

其次,不同的制度环境还会催生出不同的知识或技术优势,制度距离提供了获取这些新知识的机会。本书从企业知识理论角度和技术扩散理论角度分别阐述这一观点。企业知识理论指出,知识是嵌入社会制度环境中的[279],知识的生产依赖于一定的制度环境,因此制度环境的差异造成了知识体系的差异[280],并且知识的积累具有路径依赖的特性[281-283]。例如,美国和中国具有完全不同的饮食文化,因此两国也发展出非常不同的烹饪技术体系。又例如,二战后苏联的坦克制造领先全球,而美国的飞机制造独步世界,虽然两国都有强大的经济和科技实力,但是技术发展重点完全不同。即使是对相同的产品,美苏两国的技术路线也非常不同,苏联的步枪“傻大粗黑”但是“皮实耐用”,美国的步枪精巧美观、精准度高但是需要高维护。还有为人熟知的,瑞士的钟表和银行业务、德国的汽车、法国的香水和时装等。各国的技术发展形成了不同的技术优势,原因在于各国的制度体系促使其选择和发展了不同的知识或技术,或者说一个国家

(地区)的制度体系对某些知识或技术的发展有独特的优势。一旦某种知识或技术被研发出来,后续的研发就会沿着这一基础继续进行,并且其外部制度环境还会持续支持此类知识或技术的研发,这就是路径依赖。即使考虑到制度的变迁,知识积累的路径依赖特性仍然存在,因为制度变迁本身也是路径依赖的[21]。知识积累的路径依赖特性进一步强化了不同制度体系发展出来的知识或技术优势的差异。制度距离越大,两国(地区)间相互不同的知识或技术优势的数量就越多,并且知识或技术的异质性也越强。

从技术扩散理论的角度来讲,技术在不同国家(地区)的扩散是缓慢的,不同的国家(地区)具有不同的适宜性技术,一项技术可能适宜于 A 国(地区)而不适宜于 B 国(地区)。影响技术适宜性的因素是多方面的,国家(地区)需求、资本劳动比、人力资本和制度环境都是重要的决定因素[284]。制度环境影响技术的适宜性,因此制度距离导致各国(地区)具有不同的适宜性技术。另外,企业生产依赖于企业的技术选择,制度差异导致企业具有不同的技术选择,制度距离还是技术采用差异的重要决定因素[284],技术采用差异进一步加强了不同制度体系适宜性技术的差异。制度距离越大,两国(地区)间具有的不同适宜性技术就越多,不同适宜性技术的异质性也越强。

3.3 制度距离对跨境并购绩效的动态性影响

本书认为,制度距离同时具有积极作用和消极作用。进一步,制度距离如何影响企业跨境并购绩效呢?本书认为,制度距离在跨境并购的某一阶段表现出何种作用效果,取决于其积极作用和消极作用如何组合。

3.3.1 制度距离积极作用相对于消极作用的时滞性

制度距离的积极作用(制度套利、积累新知识)需要企业的学习行为、研发行为的参与才能实现,而制度距离的消极作用(合法性缺失、信息不对称)不需要企业的学习与研发行为参与便能实现,不仅如此,企业还需要付出行动来克服或消除这些消极作用的影响。

不是所有制度差异都可以被企业利用来套利,也不是所有异质性的知识都对企业有用,制度套利和新知识积累要求企业对母国(地区)和东道国(地区)的制度环境及其差异非常了解,新知识积累还要求企业对东道国(地区)的知识与技术优势非常了解。因此,企业利用制度套利、获取新知识的首要任务就是搜索和识别对企业有效的制度套利机会和异质性知识,而这一活动需要企业的学习、分析行为参与,因此需要一个过程。并且,已识别的制度套利机会和异质性知识还需要经过吸收、开发并最终形成企业的竞争优势才能发挥出实际的有利作用,这也需要一个过程。相反,合法性缺失和信息不对称的消极作用从企业一进入他国(地区)或并购双方一经接触便发挥作用。换言之,制度距离的消极作用是外部环境,如东道国(地区)社会直接加之于并购方身上的,而制度距离的积极作用需要并购方付出一定行动利用外部环境才能实现,这就导致制度距离的积极作用在时间上相对于消极作用有一定的滞后性。

并购前阶段的活动对跨境并购成败和跨境并购时长有关键性影响。在并购前阶段,制度距离引起的合法性缺失导致跨境并购交易遭受东道国(地区)更加严苛的审查,并降低了目标公司对并购方的信任和接受度,制度距离造成的信息不对称则提高了信息搜索、信息分析的成本,降低了沟通效率,增大了双方谈判的难度。对于制度距离的积极作用,制度距离虽然已经提供了制度套利、积累新知识的机会,但这些机会还不能立即转化为企业竞争优势。

以往的研究认为，制度距离可以为企业提供异质性的资源、促进文化互补、激励创新行为及提供制度套利机会，从而可以促进跨境并购交易的达成，并缩短跨境并购时长。但从上面的分析可知，制度距离的这些积极作用相对于其消极作用是滞后的。以往的研究做此分析，是将制度距离影响跨境并购后阶段绩效的理论不加修正直接移植到跨境并购成败、跨境并购时长领域的结果。不当移植理论混淆了制度距离在并购前阶段和并购后阶段的作用，如文化互补行为、激发的创新行为、制度套利行为都是并购后才能实现的，异质性的资源也是并购后才能接入企业，而制度距离对跨境并购成败、跨境并购时长的影响主要发生在并购前阶段。制度距离在并购前阶段的经济后果可能累积到并购后阶段，但是在并购后才能发挥的作用则无法直接影响并购前阶段的跨境并购成败、跨境并购时长。

有一种“逆向选择”情形，可能将制度距离在并购后阶段的作用“转移”到并购前阶段，对跨境并购成败、跨境并购时长产生间接影响，即企业可能考虑制度距离对并购后阶段绩效的影响，从而改变其并购意愿。如果企业认为制度距离对并购后阶段绩效的消极影响较大，企业会倾向于放弃并购，反之，企业会争取达成并购。关于并购时长，无论是放弃并购还是争取达成并购，尽快完成交易在多数情况下对企业都是有利的。但是，并购方的并购意愿并不能等同于并购结果，虽然并购方放弃并购可以确保并购结果并一定程度控制并购进程，但是当并购方的目标是达成并购时，其意愿并不能完全决定并购结果，也不能完全控制并购进程，尤其是涉及复杂的跨制度环境的跨境并购时，并购方单方面主观意愿的影响进一步被削弱，目标公司、东道国（地区）政府和两国（地区）社会公众的意愿也尤为关键。因此，这种“逆向选择”情形的制度距离的影响是间接且次要的。

综上分析，制度距离对跨境并购成败、跨境并购时长的影响，直接并主要发挥作用的是并购前阶段的合法性缺失和信息不对称问题，制度套利和新知识积累的效应在并购前阶段尚不能发挥作用，并且“逆向选择”情形的制度距离的影响是间接且次要的。因此本书推断，正式制度距离和非正式制度距离会阻碍企业跨境并购交易的达成，并提升跨境并购交易的时长。

考虑制度距离积极作用的相对时滞性后，制度距离在并购后阶段的影响是怎样的呢？首先，制度距离在并购后阶段主要是对并购后阶段绩效产生影响。其次，并购后阶段同时存在着制度距离的积极作用和消极作用。因为并购前阶段并购双方已经开始接触，并购方已经受到了制度距离的影响，因此其学习行为也已经开始。学习行为一方面帮助并购方克服、消除合法性缺失和信息不对称的不利影响，另一方面帮助其捕捉、开发制度套利机会和新知识。同时，制度距离的合法性缺失和信息不对称的消极作用并不会在并购后阶段消失。一方面，制度距离的作用对企业来说是一种宏观外部环境，并购方的学习行为可以抵御其消极影响，但是制度距离的消极作用并不会自然消失，另一方面，并购方也不可能在并购前谈判、推进交易的短时期内建立可以完全抵御制度距离消极作用的能力。再次，既然制度距离的积极作用和消极作用共存于并购后阶段，那么制度距离最终表现出何种作用效果，就取决于其积极作用和消极作用的相对强弱性。制度距离积极作用的相对滞后性在并购后阶段仍将存在一段时间，并不能马上消除。考虑到制度距离积极作用相对于消极作用的滞后性，本书推断，并购后短期内制度距离的消极作用将强于其积极作用，制度距离的积极作用要等到长期才会超过其消极作用。并购后短期内，并购方刚刚获得目标公司并进入东道国（地区）运营，对东道国（地区）的制度环境并不充分熟悉，东道国（地区）社会对并购方也缺乏了解，因此合法性缺失和信息不对称的消极作用影响强烈。具体而言，合法性缺失和信息不对称对企业并购后整合、获取外部资源、资源转移、控制经营风险与成本等均有不利影响，而这些影响尚不能在并购后的短期内被并购方完全克服。并且,并购方面对制度套利机会和异质性知识仍然处在学习、开发阶段,还不能产生效果。经过一定时间的学习、开发过程,一方面,并购方将逐渐熟悉东道国(地区)制度环境,降低信息不对称的不利影响,并赢得东道国(地区)社会的认可,另一方面,并购方进行制度套利和积累新知识的活动也将产出成果。

综上分析,并购后阶段短期内制度距离的消极作用强于其积极作用,并购后阶段长期制度距离的积极作用会超过其消极作用。因此本书推断,正式制度距离和非正式制度距离对并购后阶段短期绩效有负向影响,而对并购后阶段长期绩效有正向影响。

综上所述,考虑制度距离积极作用相对于其消极作用的滞后性,本书对制度距离在跨境并购各个阶段的作用的假设如表 3-1 所示。正式制度距离和非正式制度距离在并购前阶段主要发挥消极作用,并购后阶段短期正式制度距离和非正式制度距离的消极作用强于积极作用,并购后阶段长期正式制度距离和非正式制度距离的积极作用强于消极作用。相应的,本书推断,正式制度距离和非正式制度距离对跨境并购达成有负向影响,对跨境并购时长有正向影响,对跨境并购后短期经营业绩有负向影响,对跨境并购后长期经营业绩有正向影响。

表 3-1 理论假设 1

理论及编号	制度距离	并购前谈判、推进阶段	并购后短期	并购后长期
考虑理论 1:制度距离积极作用相对于消极作用的时滞性	正式制度距离	消极作用	消极作用主导	积极作用主导
	非正式制度距离	消极作用	消极作用主导	积极作用主导

3.3.2　正式制度距离和非正式制度距离的异质性作用：企业学习知识的角度

企业知识理论指出，社会中的知识可以分为显性知识和隐性知识两类[277, 285-286]。显性知识是规范的、结构化的、易于编码的知识，从而也易于被学习和转移；隐性知识是不规范的、非结构化的、难以编码的知识，从而也难于被学习和转移[287-288]。

显性知识，如科学技术或法律法规等，其知识结构已被考察清楚或明确设计，易于被编码。所谓编码就是以一定的规范形式表达出来。如果一项知识易于被编码，人们也就能便利地将这项知识通过各种媒介传播或转移，如将知识整理为书本或录制讲座视频等。由此可见，当一项知识易于被编码时，这项知识就易于被其他人学习。因为如果可以编码表达，那么一方面这项知识的结构已经明晰，易于理解，另一方面其他人可以通过各种媒介便利地获取这项知识。

隐性知识，如文化理念、经验和组织惯例等，通常是非结构化的，也就是知识结构相对模糊，因而也不易被编码[289]。不易被编码的知识更难表达为规范形式并通过文档等媒介传播，其依靠人与人的互动进行传播[277,287]。换言之，隐性知识主要以人为载体，通过人与人的互动来学习、转移[276]，因此其学习和传播效率都低于显性知识。至今仍存在的学徒制度就是隐性知识难于习得的一个例证，如工厂里的老师傅带新手、大学里教授带研究生等。

人类社会中的知识大部分是隐性的[290]。隐性知识要经过外化(externalization)才能转变为显性知识，所谓外化就是寻求一种有效的方式将难以表达的知识表达出来[291]。所以，如果将社会中的显性知识看作一个水池，那么隐性知识就是一个更大的水池，之所以有显性知识存在，就是因为一些知识被从隐性知识池中编码、表达出来。

对于制度规则而言，正式制度都是显性知识，而非正式制度多为隐性知识。正式制度如法律法规、行政命令等,往往形成明确的明文规定,并以各种媒介、渠道向全社会传播,企业对这类知识易于获取且易于学习。非正式制度如文化理念、经验和惯例等,通常依靠人与人的互动来学习、转移,企业对这类知识相对难以获取和学习。

另一个需要注意的问题是,一项知识(或技术)被探索或创造出来并不会天然地进入公共领域而被所有人获取,很多知识会变为私有知识,因为知识的发现者或创造者要利用该知识获取利益,如核武器技术知识、企业经营经验等。因此,很多知识即使发展成熟也仅有少部分人可以将其习得,社会中的其他大部分人仍然难以习得这些知识,而这正是知识在社会中的存在现实。某种程度上可以说,知识的私有性是天然的,知识进入公共领域则是经过努力的结果[290]。

对制度规则而言,正式制度多数是公共知识,而非正式制度则充斥着大量的私有知识。正式制度是社会的强制性规则,强制性规则要求全社会必须遵守,而遵守这些规则的前提是要先知晓这些规则。因此,如法律法规、行政命令等正式制度都是向社会公众开放的。与正式制度不同,因为没有要求全社会必须遵守的强制性,非正式制度并不必须向全社会开放。或者从另一个角度讲,很多非正式制度(如企业经营经验、某些家训等)本身就是部分群体专门发现或创造的用以谋利的工具,因此也没有开放给公共领域的意愿。

综上分析,正式制度是显性知识,非正式制度多为隐性知识;社会中作为隐性知识的非正式制度的规模要大于作为显性知识的正式制度的规模;正式制度多为公开的公共知识,非正式制度则充斥着大量的私有知识。正式制度和非正式制度的上述三点区别,导致企业对非正式制度的学习相对于对正式制度的学习更加困难,耗时更长。因此本书推断,非正式制度距离的消极作用要比正式制度距离的消极作用持续更长时间,且非正式制度距离的积极作用要滞后于正式制度距离的积极作用。考虑到这一点,就需要修正表 3-1 中的假设。

具体而言,在理论 1 的基础上,考虑非正式制度距离作用相对于正式制度距离作用的持续性和时滞性,非正式制度距离在并购后阶段的长期仍将是消极作用占据主导地位。因此,修正假设为:正式制度距离和非正式制度距离对跨境并购达成有负向影响,对跨境并购时长有正向影响,对跨境并购后短期经营业绩有负向影响;正式制度距离对跨境并购后长期经营业绩有正向影响,非正式制度距离对跨境并购后长期经营业绩有负向影响。表 3－2 展示了初始的假设和修正的假设。

表 3－2　理论假设 2

理论及编号	制度距离	并购前谈判、推进阶段	并购后短期	并购后长期
考虑理论 1:制度距离积极作用相对于消极作用的时滞性	正式制度距离	消极作用	消极作用主导	积极作用主导
	非正式制度距离	消极作用	消极作用主导	积极作用主导
考虑理论 1 和 2:非正式制度距离作用相对于正式制度距离作用的持续性和时滞性	正式制度距离	消极作用	消极作用主导	积极作用主导
	非正式制度距离	消极作用	消极作用主导	消极作用主导

3.3.3　正式制度距离和非正式制度距离的异质性作用:强制性约束与非强制性约束

正式制度和非正式制度的一个本质区别是,正式制度是强制性规则,具有强制性约束力,而非正式制度是非强制性规则,具有非强制性约束力。例如国家税法规定的企业必须纳税的约束力是强制性的,企业必须遵守;而关于早餐吃什么,各地的饮食文化都有自己的传统,但是并不能强制每个人必须吃什么,最终的选择权还是在个人。换言之,对于正式制度的约束,企业无法拒绝,必须遵守,而对于非正式制度的约束，企业可以选择遵守，也可以选择不遵守。

非正式制度的非强制性约束力给了企业选择权，企业可以选择遵守哪些非正式制度，也可以选择什么时候遵守这些非正式制度。这对进行跨境并购的企业意味着什么呢？非正式制度给企业的这种选择权让企业可以一定程度地控制非正式制度距离对企业的影响。这不是说企业可以决定非正式制度距离的作用，而是说企业可以选择接受哪些非正式制度的约束，从而选择承担哪些非正式制度的制度差异带来的不利影响，或企业可以选择什么时候接受非正式制度的约束，从而选择在特定的时期承担非正式制度距离的不利影响。

那么进行跨境并购的企业会如何选择呢？

第一，违背东道国（地区）的制度体系是有不利后果或成本的。违背东道国（地区）的正式制度，并购方将完全丧失合法性基础，其在东道国（地区）的经营活动将被强制终止或强制整改，如企业违背东道国（地区）生产安全制度、违背食品安全制度等。违背东道国（地区）的非正式制度虽然不至于遭受强制性惩处，但是也会引发一系列的成本，如企业未能尊重某些当地文化习俗，虽然依照法律不至于对其进行强制性惩处，但是社会公众可以用现金投票，拒绝购买其产品或服务。

第二，并购方适应和遵守与母国（地区）不同的东道国（地区）制度规则也是有成本的。因为并购方先前的企业能力是适配并建立在母国（地区）制度体系之上的，为了合乎东道国（地区）的制度体系要求并在其中保持竞争优势，并购方必须要建立适配于东道国（地区）制度体系的企业能力，而这是需要成本的。

第三，既然遵守和违背东道国（地区）制度都有成本，那么如何选择就取决于二者成本的大小。对东道国（地区）的正式制度，并购方只能遵守。对东道国（地区）的非正式制度，问题的关键不在于某项非正式制度的上述两项成本孰大孰小，关键在于企业拥有选择权，企业总是会选择对自己更有利的一面。因此,面对东道国(地区)大量的非正式制度,并购方经过权衡最终会选择接受其中的一部分,而拒绝另一部分。

第四,对于东道国(地区)的非正式制度,并购方会永远拒绝遵守吗?答案是不会。持续性地拒绝遵守外部制度,由此产生的负面影响和成本就持续存在。但是,一旦建立适配东道国(地区)制度体系的企业能力,并购方就可以选择遵守外部非正式制度,从而不必再承担与之对抗的成本。换言之,建立遵守东道国(地区)制度体系的企业能力的成本是有限的,但是永远违背东道国(地区)非正式制度约束的成本是无限的。因此,长期来看,并购方最终还是会遵守东道国(地区)的非正式制度。

综上分析,并购方应对东道国(地区)的非正式制度最有可能的策略是,短期内选择性遵守,长期时全面遵守。换言之,并购方可以将一部分非正式制度延迟或"转移"到长期去应对,减轻短期内非正式制度距离的消极影响和相应的成本。跨境并购本身就是高成本、高风险的投资活动,并购方完成跨境并购后早期的生存压力很大,这种转移策略对提高并购方在东道国(地区)的经营业务的早期生存率有重要帮助。不过,显而易见,这种转移策略会加剧非正式制度距离在长期的消极影响。

如果并购方选择上述转移策略,非正式制度距离对跨境并购绩效的影响效果是怎样的呢?首先,根据前面的分析,并购方可能实行转移策略的时机是并购前阶段和并购后阶段短期内。其次,无论并购方是从并购前阶段开始实行转移策略,还是在并购后阶段短期实行转移策略,都是把成本转移到长期去承担,都会加剧非正式制度距离在并购后阶段长期的消极影响。再次,对并购前阶段而言,如果并购方从并购前阶段就开始实行转移策略,那么并购前阶段非正式制度距离的消极作用就会被削弱,但是非正式制度距离的消极作用并不能完全消除，加之并购前阶段制度距离的积极作用尚无法发挥，因此非正式制度距离在并购前阶段仍将表现为消极影响；如果并购方在并购后阶段短期实行转移策略，则不影响非正式制度距离在并购前阶段的表现。最后，对并购后阶段短期而言，无论是从并购前阶段开始实行转移策略，还是在并购后阶段短期内实行转移策略，非正式制度距离在并购后阶段短期的消极作用都会被削弱，加之非正式制度距离的积极作用和消极作用共存于并购后阶段，因此这种削弱可能会改变非正式制度距离积极作用和消极作用在并购后阶段短期的强弱对比。换言之，如果并购方实行转移策略，那么非正式制度距离在并购后阶段短期有可能是消极作用更强，也有可能是积极作用更强。

综上所述，需要继续修正表 3 - 2 中的假设（见表 3 - 3），本书正式提出以下假设。

H1：正式制度距离对企业跨境并购达成有负向影响。

H2：非正式制度距离对企业跨境并购达成有负向影响。

H3：正式制度距离对企业跨境并购时长有正向影响。

H4：非正式制度距离对企业跨境并购时长有正向影响。

H5：正式制度距离对企业跨境并购后短期经营业绩有负向影响。

H6a：非正式制度距离对企业跨境并购后短期经营业绩有负向影响。

H6b：非正式制度距离对企业跨境并购后短期经营业绩有正向影响。

H7：正式制度距离对企业跨境并购后长期经营业绩有正向影响。

H8：非正式制度距离对企业跨境并购后长期经营业绩有负向影响。

其中 H6a 和 H6b 为一组备择假设。

表 3－3　理论假设 3

理论及编号	制度距离	并购前谈判、推进阶段	并购后短期	并购后长期
考虑理论 1：制度距离积极作用相对于消极作用的时滞性	正式制度距离	消极作用	消极作用主导	积极作用主导
	非正式制度距离	消极作用	消极作用主导	积极作用主导
考虑理论 1 和 2：非正式制度距离作用相对于正式制度距离作用的持续性和时滞性	正式制度距离	消极作用	消极作用主导	积极作用主导
	非正式制度距离	消极作用	消极作用主导	消极作用主导
考虑理论 1、2 和 3：非正式制度的非强制性约束力给企业的选择权	正式制度距离	消极作用	消极作用主导	积极作用主导
	非正式制度距离	消极作用	消极作用主导或积极作用主导	消极作用主导

3.4　本章小结

本书的研究模型由 8 项（组）假设构成，同时考察正式制度距离和非正式制度距离对跨境并购前阶段绩效（跨境并购成败、跨境并购时长）和跨境并购后阶段绩效（跨境并购后短期经营业绩、跨境并购后长期经营业绩）的影响。

本书使用组织合法性理论、信息不对称理论、制度套利理论、企业知识理论和技术扩散理论分析制度距离的作用。制度距离同时具有消极作用和积极作用，其消极作用是造成了合法性缺失和信息不对称问题这两项交易成本，其积极作用在于为企业提供了制度套利的机会和积累新知识的机会。制度距离在跨境并购的某一阶段表现出何种作用效果取决于其积极作用和消极作用如何组合。

由于制度距离的积极作用需要企业的学习和研发行为参与，而其消极作用则不需要，因此制度距离的积极作用在时间上相对于消极作用有一定的滞后性。正式制度是显性知识，非正式制度多为隐性知识；社会中作为隐性知识的非正式制度的规模要大于作为显性知识的正式制度的规模；正式制度多为公开的公共知识，非正式制度则充斥着大量的私有知识。因此，企业对非正式制度的学习相对于对正式制度的学习更加困难，耗时更长。另外，非正式制度的非强制性约束力给了企业一定的选择权，可以让企业实行转移策略，将非正式制度距离的消极作用的成本转移到长期去承担。

考虑正式制度和非正式制度的上述差异：正式制度距离和非正式制度距离在并购前阶段主要表现为消极作用；正式制度距离在并购后阶段短期内消极作用强于积极作用，非正式制度距离在并购后阶段短期内有可能消极作用更强，也有可能积极作用更强；正式制度距离在并购后阶段长期积极作用强于消极作用，非正式制度距离在并购后阶段长期消极作用强于积极作用。研究假设如表 3－4 所示。

表 3－4　研究假设汇总表

编号	假设内容	影响方向
H1	正式制度距离对企业跨境并购达成有负向影响	－
H2	非正式制度距离对企业跨境并购达成有负向影响	－
H3	正式制度距离对企业跨境并购时长有正向影响	＋
H4	非正式制度距离对企业跨境并购时长有正向影响	＋
H5	正式制度距离对企业跨境并购后短期经营业绩有负向影响	－
H6a	非正式制度距离对企业跨境并购后短期经营业绩有负向影响	－
H6b	非正式制度距离对企业跨境并购后短期经营业绩有正向影响	＋
H7	正式制度距离对企业跨境并购后长期经营业绩有正向影响	＋
H8	非正式制度距离对企业跨境并购后长期经营业绩有负向影响	－

关键术语

组织合法性	合法性缺失	信息不对称
制度套利	企业知识理论	显性知识
隐性知识	公共知识	私有知识
路径依赖	技术扩散理论	适应性技术
技术采用差异	强制性约束/非强制性约束	时滞性
转移策略	竞争性假设/备择假设	

第 4 章　实证检验

4.1　研究设计

4.1.1　样本选取与数据来源

本书样本采用中国 A 股上市公司的跨境并购交易，样本数据来自万得数据库、国泰安数据库和 CV Source 数据库。根据问题结构和模型设定的不同，考察跨境并购成败、跨境并购时长的样本和考察跨境并购后经营业绩的样本有所不同，以下分别进行介绍。

1)考察跨境并购成败和跨境并购时长的样本

本研究从万得、国泰安和 CV Source 三个数据库中收集到 2002—2020 年 A 股上市公司的已确认达成或失败的跨境并购交易 1166 个。一般而言，一个公布的并购交易有进行中、达成和失败三种状态。本书选取最终交易状态确认为达成或失败的交易作为样本。以往很多研究将进行中的交易和失败的交易归为一类，统称为“未达成”，这是不准确的，进行中的交易尚未确立最终状态，将其和失败的交易归为一类将影响实证分析的可靠性。很多交易尚未完成仅仅是因为数据采集时间的巧合，而并非因为实际无法达成。

依据前人研究惯例，并考虑本书模型设计，进行以下样本筛选：同一企业的某项跨境并购交易，其前一年内或后一年内存在其他跨境并购交易的，剔除该观测，因为相关的回归模型中有前一年的绩效作为控制变量，而跨境并购交易对企业绩效有重要影响，剔除后可以削弱历史并购对本次并购的成败、时长的潜在影响；同一企业在同一年具有多项并购交易的，剔除这些交易；剔除并购比例不超过 5%的观测；剔除目标公司位于开曼群岛、英属维尔京群岛和百慕大等“避税天堂”的观测；剔除并购方属于金融行业的观测；剔除关联并购的观测；剔除数据缺失的观测。最终，得到 2002—2020 年涵盖 54 个东道国(地区)的 564 个交易观测。

表 4-1 展示了样本的分布情况。从并购的东道国(地区)分布来看，样本中中国企业的跨境并购去向发达国家或地区的较多，对于发展中国家或地区，中国的跨境并购涉及的范围也很广。总体来看，样本中中国企业的跨境并购涵盖了全球发达和不发达的众多国家和地区，非常有利于制度距离变量的统计分析。从年份分布来看，样本中的跨境并购交易从 2007 年开始有较快增长，这和中国跨境并购整体发展趋势是一致的(“走出去”战略在“十一五”期间得到全面落实)。

表 4-1　考察跨境并购成败和跨境并购时长的样本分布

(a)东道国(地区)分布

东道国(地区)	观测数	东道国(地区)	观测数	东道国(地区)	观测数
美国	104	芬兰	6	印度尼西亚	2
中国香港	78	以色列	5	奥地利	2
德国	42	南非	5	挪威	2
澳大利亚	39	印度	5	文莱	2
新加坡	31	中国台湾	5	智利	2
意大利	28	哈萨克斯坦	5	柬埔寨	2
加拿大	22	波兰	5	老挝	2
韩国	21	马来西亚	5	乌干达	1
日本	20	丹麦	4	克罗地亚	1
英国	16	俄罗斯	4	厄立特里亚	1
荷兰	12	越南	4	巴基斯坦	1
瑞士	11	刚果(金)	3	斯洛文尼亚	1
新西兰	8	塔吉克斯坦	3	玻利维亚	1
泰国	8	墨西哥	3	萨摩亚	1
西班牙	8	比利时	3	蒙古	1
法国	7	加纳	2	阿根廷	1
瑞典	7	加蓬	2	马耳他	1
巴西	6	卢森堡	2	马达加斯加	1

(b)年份分布

年份	观测数
2002	3
2003	1
2004	1
2006	2
2007	8
2008	13
2009	13
2010	19
2011	35
2012	32
2013	28
2014	52
2015	60
2016	67
2017	67
2018	76
2019	52
2020	35
合计	564

2)考察跨境并购后经营业绩的样本

本书使用已完成的跨境并购作为样本来考察企业跨境并购后经营业绩,本书从万得和国泰安数据库中收集到2002—2020年A股上市公司已完成的跨境并购交易917个,依据前人研究惯例并考虑本书模型设计,进行以下样本筛选:同一企业的某项跨境并购交易,其前三年内或后三年内存在其他跨境并购交易的,剔除该观测;同一企业在同一年具有多项并购交易的,剔除这些交易;剔除2018—2020年的观测;剔除交易失败的观测;剔除并购比例不超过5%的观测;剔除目标公司位于开曼群岛、英属维尔京群岛和百慕大等"避税天堂"的观测;剔除并购方属于金融行业的观测;剔除关联并购的观测;剔除数据缺失的观测。最终,得到2002—2017年涵盖48个东道国(地区)的422个交易观测。本书考察跨境并购后经营业绩的模型要同时考察制度距离对跨境并购后四年的经营业绩的影响,因此筛选的时间间隔为三年(不包括交易达成当年)。例如,某中国企业在2012年并购了法国目标公司(交易A),又在2014年并购了德国目标公司(交易B),则2014年既是交易A的并购后长期,又是交易B的并购后短期,那么两个制度距离(中国与法国,中国与德国)在2014年的作用就难以分离出来。出于同样的原因,考察跨境并购后经营业绩的样本选取了截至2017年的数据,因为2020年的交易缺失2021、2022和2023三年的经营业绩数据,2018年和2019年的交易与此类似。

表4-2报告了该部分样本的详细分布情况。该部分样本的年份分布趋势与表4-1中的样本大体一致,东道国(地区)分布略有区别。从东道国(地区)分布来看,该部分样本的东道国(地区)虽然仍以发达国家(地区)为主,但是样本在发达国家(地区)和发展中国家(地区)的分布更为平均,更利于统计分析。

表4-2　考察跨境并购后经营业绩的样本分布

(a)东道国(地区)分布

东道国(地区)	观测数	东道国(地区)	观测数	东道国(地区)	观测数
美国	83	瑞士	5	塔吉克斯坦	2
中国香港	64	俄罗斯	4	奥地利	2
德国	28	南非	4	芬兰	2
新加坡	26	巴西	4	乌拉圭	1
澳大利亚	26	波兰	4	保加利亚	1
意大利	25	泰国	4	刚果(金)	1
日本	18	卢森堡	3	利比里亚	1
加拿大	17	挪威	3	埃塞俄比亚	1
英国	14	比利时	3	塞浦路斯	1
韩国	10	瑞典	3	墨西哥	1
中国台湾	9	马来西亚	3	巴基斯坦	1
法国	7	丹麦	2	斯洛文尼亚	1
荷兰	7	以色列	2	柬埔寨	1
越南	7	克罗地亚	2	中国澳门	1
新西兰	6	加纳	2	阿根廷	1
西班牙	6	印度	2	马耳他	1

(b)年份分布

年份	观测数
2002	2
2003	1
2004	1
2005	1
2006	1
2007	8
2008	10
2009	12
2010	24
2011	17
2012	29
2013	34
2014	43
2015	64
2016	75
2017	100
合计	422

4.1.2　变量定义

1)被解释变量

跨境并购成败。参考陈航等[68]、徐(Hsu)等[83]及其他前人研究，本书使用虚拟变量 Completion 度量跨境并购交易是达成还是失败，Completion 取值为 1 表示交易达成，取值为 0 表示交易失败。

跨境并购时长。参考阎海峰等[36]、霍恩(Hawn)[75]及其他前人研究，本书采用跨境并购首次公告日至交易达成日或宣告失败日之间的天数的对数度量跨境并购时长。

跨境并购后经营业绩。参考吴先明等[124]、刘(Liu)等[131]、佩雷拉(Pereira)等[136]、李强[214]、王宛秋等[224]及其他前人研究，本书使用ROE(净资产收益率)、ROA(总资产收益率)作为跨境并购后经营业绩的度量。具体的，以并购后当年(t)的ROE(ROE_t)、ROA(ROA_t)为并购后短期经营业绩的度量，以并购后第二、第三年(t_2、t_3)的ROE(ROE_{t+2}、ROE_{t+3})、ROA(ROA_{t+2}、ROA_{t+3})为并购后长期经营业绩的度量，如图4－1所示。

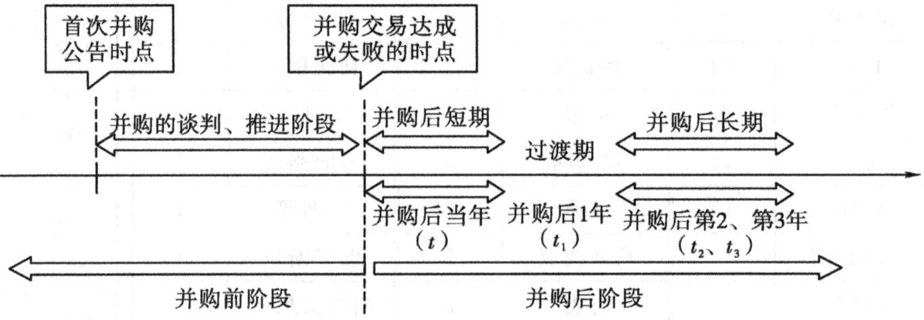

图4－1 企业跨境并购阶段

2)解释变量

制度距离。参考杜晓君等[4]、阎大颖[71]、杜(Du)[218]、李(Li)等[292]及其他前人研究，本书使用世界银行发布的世界治理指数(Worldwide Governance Indicators，WGI)计算国家(地区)间的正式制度距离，使用霍夫斯泰德(Hofstede)文化指数计算国家(地区)间的非正式制度距离。WGI指数从法治建设、政治稳定性、腐败控制、言论自由、政府效能、监管质量六个维度描述了各国(地区)的正式制度①，Hofstede指数从权力距离、不确定性规避、个人主义与集体主义、男性化与女性化、长期导向与短期导向、自身放纵与约束六个维

① 详情见 https://datacatalog.worldbank.org/dataset/worldwide-governance-indicators。

度描述了各国(地区)的文化特征[①],WGI 指数和 Hofstede 指数数据来源于各自官网。以正式制度距离(FID)为例,具体计算公式为

$$\mathrm{FID}_j = \sqrt{\sum_i^6 \frac{(I_{ij} - I_{iC})^2}{V_I}} \quad (4-1)$$

式中,FID_j 为中国与东道国(地区)j 的正式制度距离;I_{ij} 为东道国(地区)j 的 WGI 指数的第 i 个维度的得分;I_{iC} 为中国的 WGI 指数的第 i 个维度的得分;V_I 为 WGI 指数维度 I 的方差。非正式制度距离(CD)的算法与此相同。

3)控制变量

参考前人研究,本书控制了多个国家(地区)层面、企业层面和交易层面的影响因素。国家(地区)层面因素本书选取了东道国(地区)相对发达程度(reDev_t)和东道国(地区)相对综合竞争力(reGCI_t)两个与东道国(地区)发展水平有关的因素。企业层面的因素选取了企业规模(lnSize_{t-1})、历史绩效(ROA_{t-1}、ROE_{t-1})、资产负债率(Lev_{t-1})、现金持有水平($\mathrm{Cashhold}_{t-1}$)、国企属性(State_{t-1})和跨境并购经验(Experience)。交易层面的因素控制了交易规模(DealSize)、并购比例(Ownership)和支付方式(Cashpay)。另外,本书使用两组虚拟变量分别控制了行业效应($\sum \mathrm{Industry}_i$)和年份效应($\sum \mathrm{Year}_j$)。详细变量定义如表 4-3 所示。参考前人研究,企业层面的因素使用了滞后一期的取值,以规避反向因果的内生性问题;对于企业跨境并购交易而言,国家(地区)层面的宏观因素有较高的外生性,因此为了保持较好的相关性使用了 t 年的取值;交易层面的变量不存在时期上的变化。变量数据采集自国泰安数据库、万得数据库、企业年报和相关指数官网。另外,为规避异常值的潜在影响,模型中的各连续变量采取了 1%和 99%的缩尾处理。

① 详情见 https://geerthofstede.com/culture-geert-hofstede-gert-jan-hofstede/6d-model-of-national-culture/。

表 4-3 研究变量一览表

类别	符号	变量名	定义
被解释变量	Completion	跨境并购成败	虚拟变量,1 为并购达成,0 为并购失败
	Duration	跨境并购时长	跨境并购首次公告日至交易达成或宣告失败日之间的天数的对数
解释变量	FID	正式制度距离	东道国(地区)与中国的正式制度距离,使用 WGI 指数计算,算法见公式(4-1)
	CD	非正式制度距离	东道国(地区)与中国的非正式制度距离,使用 Hofstede 指数计算,算法见公式(4-1)
控制变量	$reDev_t$	东道国(地区)相对发达程度	t 年东道国(地区)人均 GDP 与中国人均 GDP 之比
	$reGCI_t$	东道国(地区)相对综合竞争力	t 年东道国(地区)GCI 指数得分与中国 GCI 指数得分之比
	$lnSize_{t-1}$	企业规模	$t-1$ 年末并购方总资产的对数
	ROE_{t-1} 或 ROA_{t-1}	历史绩效	$t-1$ 年并购方的 ROE 或 ROA
	Lev_{t-1}	资产负债率	$t-1$ 年末并购方的资产负债率
	$Cashhold_{t-1}$	现金持有水平	$t-1$ 年末并购方的现金及现金等价物与总资产之比
	$State_{t-1}$	国企属性	虚拟变量,1 为 $t-1$ 年末并购方为国有企业,0 为否
	Experience	跨境并购经验	虚拟变量,1 为并购方以往有成功的跨境并购经历,0 为否
	DealSize	交易规模	并购交易金额与 $t-1$ 年末并购方总资产之比
	Ownership	并购比例	并购交易的股权比例
	Cashpay	支付方式	虚拟变量,1 为现金支付,0 为股权支付
	$\sum Industry_i$	行业虚拟变量	依据证监会 2012 年行业分类标准,使用一级分类构造虚拟变量
	$\sum Year_j$	年份虚拟变量	按交易达成所在年份构造虚拟变量

注:定义中 ROE 指净资产收益率,ROA 指总资产收益率;GCI 指数指世界经济论坛发布的全球竞争力指数(Global Competitiveness Index);t 指的是并购交易达成或失败的时点所处的年份,下同。

4.1.3 模型设定

参考前人的研究，本书使用 Logit 回归模型考察制度距离对跨境并购成败的影响，使用 OLS 回归模型考察制度距离对跨境并购时长、跨境并购后经营业绩的影响。模型(4－2)考察了正式制度距离和非正式制度距离对跨境并购成败的影响，用于检验假设 H1、H2。模型(4－3)考察了正式制度距离和非正式制度距离对跨境并购时长的影响，用于检验假设 H3、H4。考虑到交易达成的并购和交易失败的并购在用时上可能有系统性的差异，因此在考察对跨境并购时长的影响时控制了变量 Completion。模型(4－2)和模型(4－3)中的历史绩效控制变量为 ROA_{t-1}。模型(4－4)考察了正式制度距离和非正式制度距离对跨境并购后短期经营业绩的影响，用于检验假设 H5、H6a 和 H6b。模型(4－5)考察了正式制度距离和非正式制度距离对跨境并购后长期经营业绩的影响，用于检验假设 H7、H8。在模型(4－4)和模型(4－5)中，当被解释变量为 ROE(ROA)时，历史绩效控制变量为 $ROE_{t-1}(ROA_{t-1})$。

$$\text{Completion} = \beta_0 + \beta_1 \text{FID} + \beta_2 \text{CD} + \sum \beta_k \text{Control}_k + \sum \beta_i \text{Industry}_i + \sum \beta_j \text{Year}_j + \varepsilon \quad (4-2)$$

$$\text{Duration} = \beta_0 + \beta_1 \text{FID} + \beta_2 \text{CD} + \beta_3 \text{Completion} + \sum \beta_k \text{Control}_k + \sum \beta_i \text{Industry}_i + \sum \beta_j \text{Year}_j + \varepsilon \quad (4-3)$$

$$\text{ROE}_t(\text{ROA}_t) = \beta_0 + \beta_1 \text{FID} + \beta_2 \text{CD} + \sum \beta_k \text{Control}_k + \sum \beta_i \text{Industry}_i + \sum \beta_j \text{Year}_j + \varepsilon \quad (4-4)$$

$$\text{ROE}_{t+2}、\text{ROE}_{t+3}(\text{ROA}_{t+2}、\text{ROA}_{t+3}) = \beta_0 + \beta_1 \text{FID} + \beta_2 \text{CD} + \sum \beta_k \text{Control}_k + \sum \beta_i \text{Industry}_i +$$

$$\sum \beta_j \text{Year}_j + \varepsilon \qquad (4-5)$$

4.2 实证结果分析

4.2.1 描述性统计

1)考察跨境并购成败和跨境并购时长的样本

表 4-4 报告了考察跨境并购成败、跨境并购时长的样本的变量描述性统计。从 Completion 可见,样本中约有 80%的交易为已达成交易。Duration 显示,样本中交易的平均耗时约为 157 天。FID 和 CD 显示,样本中的东道国(地区)与中国的制度距离差异明显,利于统计分析。$reDev_t$和 $reGCI_t$ 显示,样本对世界上非常发达和非常不发达的东道国(地区)均有覆盖。$lnSize_{t-1}$显示,样本中并购方的企业规模普遍较大,但也差异明显。ROA_{t-1}显示,样本中并购方的往期绩效差异明显,既有盈利较好的也有亏损的,总体来看,样本企业的盈利水平平均为 6%,符合中国制造业企业的一般情况。Lev_{t-1}显示,样本中并购方的平均负债水平约为资产的 42%,处于中等水平。$Cashhold_{t-1}$显示,样本中并购方的平均现金及现金等价物持有水平约为资产的 20%,并购方在并购前通常具有较好的现金准备。$State_{t-1}$显示,样本中约有 24%的交易是由国有企业发起的。Experience 显示,样本中约有 30%的交易其并购方在此前有过成功的跨境并购经验。DealSize 显示,跨境并购既有“大吃小”的情况,也有“小吃大”的情况,但总体而言,中国企业的跨境并购投资规模较为稳健,平均水平保持在资产的 20%左右。Ownership 显示,样本中跨境并购交易的股权收购比例平均约为 70%,显示出中国企业对于控制权的看重。Cashpay 显示,中国企业绝大多数的跨境并购交易均使用现金支付,进一步佐证了中国

企业在跨境并购中对获得目标公司的控制权十分看重。

表 4－4　描述性统计

变量	观测数	均值	标准差	最小值	最大值
Completion	564	0.798	0.402	0.000	1.000
Duration	564	4.729	0.778	3.135	7.077
FID	564	4.223	1.133	0.725	6.011
CD	564	3.634	1.340	1.374	7.111
$reDev_t$	564	6.567	3.326	0.051	23.932
$reGCI_t$	564	1.071	0.105	0.654	1.323
$lnSize_{t-1}$	564	13.023	1.446	10.106	18.235
ROA_{t-1}	564	0.061	0.069	−0.564	0.496
Lev_{t-1}	564	0.419	0.203	0.031	0.955
$Cashhold_{t-1}$	564	0.195	0.157	0.009	0.878
$State_{t-1}$	564	0.238	0.426	0.000	1.000
Experience	564	0.298	0.458	0.000	1.000
DealSize	564	0.199	0.666	0.010	7.542
Ownership	564	0.693	0.323	0.059	1.000
Cashpay	564	0.959	0.198	0.000	1.000

表 4－5 报告了考察跨境并购成败、跨境并购时长的样本的变量相关系数。多数控制变量的相关系数都较低，$reDev_t$和 FID 的相关系数略高。本书进一步计算了方差膨胀因子（Variance Inflation Factor，VIF）值，自变量中的 VIF 值最大为 2.81，平均 VIF 值为 1.48，均远小于 10，表明模型中不存在严重的多重共线性问题。

表 4-5 相关系数

序号	变量	1	2	3	4	5	6	7	8	9	10	11	12	13	14	15
1	Completion	1.00														
2	Duration	−0.26*	1.00													
3	FID	0.04	0.46*	1.00												
4	CD	−0.00	0.14*	−0.15*	1.00											
5	$reDev_t$	−0.10*	−0.39*	−0.78*	0.31*	1.00										
6	$reGCI_t$	−0.02	0.10*	−0.06	0.01	−0.04	1.00									
7	$lnSize_{t-1}$	−0.03	0.06	0.01	0.12*	0.09*	−0.02	1.00								
8	ROA_{t-1}	0.18*	−0.13*	0.09*	−0.13*	−0.14*	−0.00	−0.13*	1.00							
9	Lev_{t-1}	−0.08*	0.17*	−0.10*	0.12*	0.09*	0.06	0.52*	−0.28*	1.00						
10	$Cashhold_{t-1}$	0.06	−0.08	0.09*	−0.08	−0.11*	−0.00	−0.29*	0.18*	−0.45*	1.00					
11	$State_{t-1}$	−0.02	0.14*	0.04	0.01	−0.13*	0.06	0.39*	−0.11*	0.30*	−0.12*	1.00				
12	Experience	−0.09*	−0.09*	0.01	−0.00	0.08*	−0.09*	0.27*	−0.03	0.15*	−0.10*	−0.04	1.00			
13	DealSize	−0.07	0.11*	−0.03	0.01	0.05	0.08*	−0.12*	−0.06	−0.00	0.03	−0.03	−0.03	1.00		
14	Ownership	0.03	0.01	0.02	−0.09*	−0.01	0.10*	−0.02	−0.08	0.10*	−0.03	0.04	−0.02	0.10*	1.00	
15	Cashpay	0.07	−0.12*	0.07	−0.10*	−0.06	−0.02	−0.03	0.12*	−0.11*	0.03	−0.03	−0.00	−0.26*	−0.05	1.00

注：$n=564$；* $P<0.05$。

2)考察跨境并购后经营业绩的样本

表 4－6 报告了考察跨境并购后经营业绩的样本的变量描述性统计。从 ROE 和 ROA 的年份变化趋势来看,并购方从完成跨境并购开始,其盈利水平逐年下降,显示跨境并购给企业带来的盈利压力很大,可见跨境并购后企业生存问题的重要性。该样本的其他控制变量的情况与表 4－5 大体一致,其中 Experience 的分布差异明显,本样本中约有 13％的交易其并购方在此前有过成功的跨境并购经验。

表 4－7 报告了考察跨境并购后经营业绩的样本的变量相关系数。多数控制变量的相关系数都较低,$reDev_t$和 FID 的相关系数略高。本书进一步计算了 VIF 值,自变量中的 VIF 值最大为 2.69,平均 VIF 值为 1.50,均远小于 10,表明模型中不存在严重的多重共线性问题。

表 4－6　描述性统计

变量	观测数	均值	标准差	最小值	最大值
ROE_t	422	0.087	0.111	−0.816	0.554
ROE_{t+1}	422	0.072	0.138	−0.941	0.483
ROE_{t+2}	422	0.054	0.148	−0.877	0.437
ROE_{t+3}	422	0.037	0.172	−0.973	0.556
ROE_{t-1}	422	0.111	0.115	−0.614	0.822
ROA_t	422	0.064	0.069	−0.563	0.267
ROA_{t+1}	422	0.057	0.067	−0.362	0.313
ROA_{t+2}	422	0.043	0.091	−0.548	0.388
ROA_{t+3}	422	0.038	0.088	−0.599	0.294
ROA_{t-1}	422	0.080	0.069	−0.271	0.464
FID	422	4.332	1.076	0.821	5.943
CD	422	3.584	1.338	1.374	7.099
$reDev_t$	422	7.023	3.352	0.056	23.932
$reGCI_t$	422	1.072	0.104	0.616	1.357
$lnSize_{t-1}$	422	12.905	1.425	9.989	18.406
Lev_{t-1}	422	0.419	0.208	0.039	0.953
$Cashhold_{t-1}$	422	0.192	0.153	0.005	0.841
$State_{t-1}$	422	0.254	0.436	0.000	1.000
$Experience_{t-1}$	422	0.130	0.337	0.000	1.000
DealSize	422	0.205	0.872	0.011	10.192
Ownership	422	0.689	0.332	0.075	1.000
Cashpay	422	0.960	0.197	0.000	1.000

表 4-7 相关系数

序号	变量	1	2	3	4	5	6	7	8	9	10	11	12	13	14
1	FID	1.00													
2	CD	0.10*	1.00												
3	$reDev_t$	0.70*	0.30*	1.00											
4	$reGCI_t$	−0.01	−0.01	0.10*	1.00										
5	$lnSize_{t-1}$	−0.00	−0.16*	−0.09	−0.07	1.00									
6	ROE_{t-1}	−0.02	0.00	0.08	−0.05	0.09	1.00								
7	ROA_{t-1}	0.01	0.07	0.09	−0.06	−0.07	0.84*	1.00							
8	Lev_{t-1}	−0.03	−0.22*	−0.02	0.01	0.50*	0.10*	−0.20*	1.00						
9	$Cashhold_{t-1}$	0.09	0.10*	0.11*	0.01	−0.28*	0.11*	0.20*	−0.44*	1.00					
10	$State_{t-1}$	0.05	0.00	0.15*	0.06	0.35*	−0.05	−0.13*	0.29*	−0.10*	1.00				
11	Experience	−0.06	−0.07	−0.06	0.06	−0.12*	0.03	0.01	−0.08	−0.01	−0.03	1.00			
12	DealSize	0.01	0.03	0.01	0.00	−0.12*	−0.18*	−0.15*	−0.02	0.03	−0.00	−0.10*	1.00		
13	Ownership	0.01	0.07	0.00	0.09	−0.09	−0.06	−0.13*	0.07	−0.00	0.04	0.01	0.12*	1.00	
14	Cashpay	0.03	0.00	−0.03	0.06	0.05	0.03	0.07	−0.05	−0.02	−0.13*	−0.08	−0.22*	−0.08	1.00

注：$n=422$；* $P<0.05$。

4.2.2 主检验结果

模型(4-2)(4-3)(4-4)(4-5)考察了制度距离对企业跨境并购绩效的影响，分别检验了假设 H1—H8。表 4-8 报告了制度距离对跨境并购成败和跨境并购时长的影响的回归结果，表中回归(1)为 Logit 回归，回归(2)为 OLS 回归。

可以看到，回归(1)中，正式制度距离 FID 的回归系数显著为负($\beta=-0.396, P<0.05$)，非正式制度距离 CD 的回归系数显著为负($\beta=-0.195, P<0.05$)，表明正式制度距离和非正式制度距离对企业跨境并购达成有显著负向影响，这支持了假设 H1 和 H2。本书的这一结果支持了前人研究中董(Dong)等[2]、贾镜渝等[57]、连(Lian)等[210]的观点，同时也反驳了冯正强等[13]、李元旭等[14]的观点。

回归(2)中，正式制度距离 FID 的回归系数显著为正($\beta=0.300$, $P<0.01$)，非正式制度距离 CD 的回归系数显著为正($\beta=0.124$, $P<0.01$)，表明正式制度距离和非正式制度距离对企业跨境并购时长有显著正向影响，这支持了假设 H3 和 H4。本书的这一结果支持了前人研究中迪科娃(Dikova)等[6]、李秀娥等[7]的观点，反驳了武天兰等[16]、费雷拉(Ferreira)等[17]的观点。

本书的这两组实证分析结果充分证明了，“逆向选择”情形的制度距离对跨境并购前阶段绩效的影响是间接的、次要的，也清晰地展示了将并购前阶段绩效和并购后阶段绩效结合起来进行动态分析的必要性。在动态分析的基础上，制度距离在并购前阶段如何发挥作用的机制就十分清晰了。

表 4-8 制度距离对跨境并购成败和时长的影响:基准回归

被解释变量	Completion	Duration
回归-估计程序	(1)-Logit	(2)-OLS
$reDev_t$	0.269*** (3.095)	-0.033** (-2.263)
$reGCI_t$	-0.016 (-0.054)	0.124 (1.609)
$lnSize_{t-1}$	0.003 (0.028)	-0.025 (-1.172)
ROA_{t-1}	7.238*** (2.944)	-0.991* (-1.947)
Lev_{t-1}	0.247 (0.296)	0.553*** (3.086)
$Cashhold_{t-1}$	1.108 (0.977)	-0.365* (-1.784)
$State_{t-1}$	0.011 (0.034)	0.013 (0.170)
Experience	0.671** (2.456)	-0.167*** (-2.618)
DealSize	-2.568*** (-3.378)	0.115*** (3.548)
Ownership	0.810** (2.193)	-0.043 (-0.515)
Cashpay	0.128 (0.199)	-0.261* (-1.775)
Completion		-0.516*** (-7.706)
FID	-0.396** (-1.997)	0.300*** (7.527)

续表

被解释变量	Completion	Duration
回归-估计程序	(1)- Logit	(2)- OLS
CD	−0.195** (−2.062)	0.124*** (6.093)
常数	0.431 (0.281)	6.118*** (11.874)
Industry	Yes	Yes
Year	Yes	Yes
n	564	564
似然方程	−237.3	
伪 R^2	0.164	
调整 R^2		0.403

注：***、**、* 分别表示在 1%、5%、10%水平上显著；Logit 回归括号内为异方差稳健的 z 值，OLS 回归括号内为异方差稳健的 t 值。

表 4－9 报告了制度距离对跨境并购后经营业绩的影响。可以看到，正式制度距离 FID 对跨境并购后短期经营业绩(ROE_t；ROA_t)的回归系数显著为负($\beta=-0.009$，$P<0.05$；$\beta=-0.006$，$P<0.05$)，对跨境并购后长期经营业绩(ROE_{t+2}，ROE_{t+3}；ROA_{t+2}，ROA_{t+3})的回归系数显著为正($\beta=0.019$，$P<0.05$；$\beta=0.035$，$P<0.01$；$\beta=0.011$，$P<0.01$；$\beta=0.024$，$P<0.01$)，表明正式制度距离对跨境并购后短期经营业绩有显著负向影响，对跨境并购后长期经营业绩有显著正向影响，这支持了假设 H5 和 H7。

非正式制度距离 CD 对跨境并购后短期经营业绩(ROE_t；ROA_t)的回归系数显著为正($\beta=0.007$，$P<0.05$；$\beta=0.004$，$P<0.05$)，对跨境并购后长期经营业绩(ROE_{t+2}，ROE_{t+3}；ROA_{t+2}，ROA_{t+3})的回归系数显著为负($\beta=-0.012$，$P<0.05$；$\beta=-0.020$，$P<0.01$；$\beta=-0.007$，

$P<0.01$；$\beta=-0.006$，$P<0.05$），表明非正式制度距离对跨境并购后短期经营业绩有显著正向影响，对跨境并购后长期经营业绩有显著负向影响，这支持了假设 H6b 和 H8，未支持假设 H6a。

总的来看，由于制度距离的积极作用相对于其消极作用的滞后性，正式制度距离和非正式制度距离在并购前阶段表现为消极影响。对于正式制度距离，其消极影响的主导地位延续到了跨境并购后阶段短期，直到跨境并购后阶段长期正式制度距离的积极作用才占据主导地位。可以看到，正式制度距离的影响在并购前后两个阶段之间也是渐变的。对于非正式制度距离，其非强制约束力提供的转移策略导致非正式制度距离在跨境并购后短期的影响发生了突变，这种突变是人为干涉的后果。转移策略一方面减轻了企业在跨境并购后阶段短期内的生存压力，另一方面也加剧了非正式制度距离在跨境并购后阶段长期的消极作用。

表 4－9　制度距离对跨境并购后经营业绩的影响：基准回归

被解释变量	ROE_t	ROE_{t+2}	ROE_{t+3}	ROA_t	ROA_{t+2}	ROA_{t+3}
回归	(1)	(2)	(3)	(4)	(5)	(6)
$reDev_t$	0.002 (0.813)	0.009*** (2.816)	0.011*** (2.966)	0.000 (0.125)	0.003** (2.393)	0.006*** (3.000)
$reGCI_t$	−0.031*** (−3.079)	−0.032** (−2.052)	−0.049*** (−2.674)	−0.021*** (−3.320)	−0.038*** (−4.518)	−0.030*** (−3.654)
$lnSize_{t-1}$	0.008** (2.090)	−0.002 (−0.395)	−0.002 (−0.413)	0.004** (2.273)	0.005** (2.041)	0.006** (1.968)
ROE_{t-1} (ROA_{t-1})	0.568*** (9.559)	0.248*** (2.792)	0.243** (2.386)	0.514*** (6.652)	0.402*** (4.929)	0.315*** (5.275)
Lev_{t-1}	0.046 (1.292)	0.033 (0.704)	0.056 (1.100)	0.028 (1.128)	0.023 (1.037)	0.024 (1.138)
$Cashhold_{t-1}$	0.076** (2.113)	0.089** (2.009)	0.125*** (2.896)	0.024 (1.160)	0.065** (2.430)	0.038** (1.981)

续表

被解释变量	ROE_t	ROE_{t+2}	ROE_{t+3}	ROA_t	ROA_{t+2}	ROA_{t+3}
回归	(1)	(2)	(3)	(4)	(5)	(6)
$State_{t-1}$	−0.016* (−1.896)	0.013 (0.812)	0.019 (1.130)	−0.006 (−1.285)	0.002 (0.267)	0.005 (0.779)
Experience	0.037** (2.392)	0.027** (1.989)	0.066*** (2.866)	0.018*** (2.817)	0.025** (2.533)	0.034*** (4.252)
DealSize	0.016** (2.201)	0.027* (1.755)	0.006 (0.886)	0.009** (2.173)	0.005 (0.424)	0.006* (1.771)
Ownership	0.007 (0.646)	0.020 (1.028)	−0.010 (−0.472)	0.007 (1.109)	0.014 (1.264)	−0.003 (−0.293)
Cashpay	0.028 (1.635)	0.069** (2.479)	0.087*** (3.039)	−0.005 (−0.361)	0.036** (2.073)	0.031** (2.398)
FID	−0.009** (−2.307)	0.019** (2.428)	0.035*** (3.916)	−0.006** (−2.159)	0.011*** (3.370)	0.024*** (5.921)
CD	0.007** (2.251)	−0.012** (−2.259)	−0.020*** (−4.805)	0.004** (2.194)	−0.007*** (−3.236)	−0.006** (−2.250)
常数	−0.163** (−2.445)	−0.431* (−1.825)	−0.316** (−2.213)	−0.083 (−1.043)	−0.101 (−0.745)	−0.206*** (−3.486)
Industry	Yes	Yes	Yes	Yes	Yes	Yes
Year	Yes	Yes	Yes	Yes	Yes	Yes
n	422	422	422	422	422	422
调整 R^2	0.489	0.334	0.318	0.523	0.340	0.317

注：***、**、*分别表示在 1%、5%、10%水平上显著；括号内为异方差稳健的 t 值。

4.2.3 稳健性检验

1)估计程序和水平值被解释变量稳健性

本书采取了多种方式测试模型的稳健性。首先，针对考察跨境并购成败的 Logit 回归，本书还使用了 Probit 估计程序验证模型的稳健性。Probit 回归的结果如表 4 - 10 中的回归(1)所示，其中 FID 和 CD 的回归系数均显著为负，与基准回归中一致，表明模型对 Probit 估计程序保持稳健。其次，针对考察跨境并购时长的模型，本书还使用被解释变量的水平值形式进行了回归，回归结果如表 4 - 10 中的回归(2)所示。回归(2)的被解释变量为 Days(基准回归的被解释变量为 lnDays)，回归中 FID 和 CD 的回归系数均显著为正，与基准回归中保持一致，显示模型对水平值被解释变量具有良好的稳健性。

表 4 - 10　制度距离对跨境并购成败和时长的影响：估计程序和水平值被解释变量稳健性

被解释变量	Completion	Days
回归-估计程序	(1)- Probit	(2)- OLS
$reDev_t$	0.157***	−9.513***
	(3.540)	(−2.952)
$reGCI_t$	0.019	22.770
	(0.116)	(1.473)
$lnSize_{t-1}$	−0.007	−10.473**
	(−0.125)	(−2.474)
ROA_{t-1}	3.873***	−220.709**
	(3.132)	(−1.975)
Lev_{t-1}	−0.195	63.491*
	(−0.390)	(1.714)
$Cashhold_{t-1}$	0.144	−88.531*
$State_{t-1}$	−0.045	20.540
	(−0.230)	(1.264)
Experience	0.338**	−33.344***
	(2.143)	(−2.756)
DealSize	−1.458***	83.373**
	(−3.352)	(2.048)

续表

被解释变量	Completion	Days
回归-估计程序	(1)- Probit	(2)- OLS
Ownership	0.473** (2.234)	−18.663 (−1.110)
Cashpay	0.041 (0.112)	−34.142 (−0.851)
Completion		−88.794*** (−5.700)
FID	−0.235** (−2.248)	34.704*** (4.619)
CD	−0.117** (−2.202)	29.056*** (5.748)
常数	−0.103 (−0.106)	340.079*** (3.125)
Industry	Yes	Yes
Year	Yes	Yes
n	564	564
似然方程	−236.6	
伪 R^2	0.166	
调整 R^2		0.308

注：***、**、*分别表示在1%、5%、10%水平上显著；Probit回归括号内为异方差稳健的 z 值，OLS回归括号内为异方差稳健的 t 值。

2）替换度量稳健性

本书替换多个变量的度量测试了模型的稳健性。表 4-11 报告了制度距离对跨境并购成败和跨境并购时长的影响的替换度量稳健性检验结果，其中回归(1)—(4)为 Logit 回归，回归(5)—(8)为 OLS 回归。在回归(1)和(5)中，将并购比例 Ownership 替换为是否获得控制权 GetControl，GetControl 是一个虚拟变量，取值为 1 表示并购方在并购后取得目标公司的控制权，取值为 0 表示未取得。在回归(2)和(6)中，历史绩效的度量由 ROA_{t-1} 替换为 ROE_{t-1}。在回归(3)和(7)中，将现金持有水平 $Cashhold_{t-1}$ 替换为现金比率 $CashRatio_{t-1}$，$CashRatio_{t-1}$ 为 $t-1$ 年末并购方现金及现金等价物与流动负债之比。在回归(4)和(8)中，将跨境并购经验 Experience 替换为跨境经营经验 $Subs_{t-1}$，$Subs_{t-1}$ 是一个虚拟变量，取值为 1 表示并购方 $t-1$ 年末拥有境外子机构，取值为 0 表示没有。后文的替换度量稳健性测试所用的替换度量与此处定义相同。可以看到，表 4 - 11 中 FID 和 CD 对跨境并购达成的回归系数均显著为负，FID 和 CD 对跨境并购时长的回归系数均显著为正，结果与基准回归保持一致。

表 4 - 12、表 4 - 13 和表 4 - 14 报告了制度距离对跨境并购后经营业绩的影响的替换度量稳健性检验结果，表中回归均为 OLS 回归。表 4 - 12 报告了将并购比例 Ownership 替换为是否获得控制权 GetControl 的回归结果，表 4 - 13 报告了将现金持有水平 $Cashhold_{t-1}$ 替换为现金比率 $CashRatio_{t-1}$ 的回归结果，表 4 - 14 报告了将跨境并购经验 Experience 替换为跨境经营经验 $Subs_{t-1}$ 的回归结果。可以看到，表 4 - 12、表 4 - 13 和表 4 - 14 中，FID 对跨境并购后短期经营业绩的回归系数均显著为负，对跨境并购后长期经营业绩的回归系数均显著为正，CD 对跨境并购后短期经营业绩的回归系数均显著为正，对跨境并购后长期经营业绩的回归系数均显著为负，结果与基准回归中一致，显示模型稳健性良好。

表 4 - 11　制度距离对跨境并购成败和时长的影响：替换度量稳健性

被解释变量	Completion - Logit				Duration - OLS			
替换变量	GetControl	ROE_{t-1}	$CashRatio_{t-1}$	$Subs_{t-1}$	GetControl	ROE_{t-1}	$CashRatio_{t-1}$	$Subs_{t-1}$
回归	(1)	(2)	(3)	(4)	(5)	(6)	(7)	(8)
$reDev_t$	0.274***	0.263***	0.272***	0.257***	−0.033**	−0.033**	−0.032**	−0.037**
	(3.363)	(3.334)	(3.148)	(2.962)	(−2.245)	(−2.233)	(−2.193)	(−2.480)
$reGCI_t$	0.033	0.025	−0.021	0.042	0.124	0.126	0.129 *	0.128 *
	(0.113)	(0.089)	(−0.071)	(0.137)	(1.615)	(1.645)	(1.668)	(1.666)
$lnSize_{t-1}$	0.022	0.001	0.002	−0.090	−0.026	−0.024	−0.023	−0.032
	(0.223)	(0.011)	(0.021)	(−0.865)	(−1.183)	(−1.124)	(−1.075)	(−1.473)
ROA_{t-1} (ROE_{t-1})	6.639**	3.003**	7.307**	7.933**	−0.982*	−0.577**	−1.020**	−1.055**
	(2.727)	(1.992)	(2.942)	(3.087)	(−1.921)	(−2.703)	(−1.988)	(−2.110)
Lev_{t-1}	−0.251	−0.534	0.364	0.021	0.557**	0.659**	0.590**	0.522**
	(−0.285)	(−0.618)	(0.405)	(0.026)	(3.114)	(3.842)	(3.235)	(2.903)
$Cashhold_{t-1}$ ($CashRatio_{t-1}$)	0.370	0.891	0.122	0.677	−0.356*	−0.354*	−0.015	−0.349*
	(0.315)	(0.765)	(0.760)	(0.600)	(−1.735)	(−1.741)	(−1.229)	(−1.693)
$State_{t-1}$	−0.025	−0.002	0.013	0.190	0.015	0.013	0.010	0.027
	(−0.072)	(−0.007)	(0.039)	(0.596)	(0.195)	(0.169)	(0.127)	(0.361)
Experience ($Subs_{t-1}$)	0.595**	0.603**	0.660**	0.524**	−0.167***	−0.171***	−0.173***	−0.108**
	(2.122)	(2.124)	(2.433)	(2.120)	(−2.608)	(−2.689)	(−2.692)	(−1.976)

续表

被解释变量	Completion - Logit				Duration - OLS			
替换变量	GetControl	ROE_{t-1}	$CashRatio_{t-1}$	$Subs_{t-1}$	GetControl	ROE_{t-1}	$CashRatio_{t-1}$	$Subs_{t-1}$
回归	(1)	(2)	(3)	(4)	(5)	(6)	(7)	(8)
DealSize	−2.347***	−2.589***	−2.564***	−2.577***	0.115***	0.136***	0.113***	0.112***
	(−2.986)	(−3.370)	(−3.378)	(−3.445)	(3.552)	(4.210)	(3.575)	(3.437)
Ownership	0.306	0.738**	0.810**	0.785**	−0.040	−0.044	−0.042	−0.045
(GetControl)	(1.117)	(1.963)	(2.191)	(2.107)	(−0.627)	(−0.522)	(−0.505)	(−0.542)
Cashpay	0.140	0.092	0.160	0.058	−0.263*	−0.278*	−0.262*	−0.253*
	(0.218)	(0.134)	(0.251)	(0.087)	(−1.789)	(−1.855)	(−1.810)	(−1.738)
Completion					−0.518***	−0.509***	−0.522***	−0.485***
					(−7.716)	(−7.556)	(−7.753)	(−7.285)
FID	−0.420**	−0.404**	−0.401**	−0.393**	0.300***	0.300***	0.303***	0.296***
	(−2.267)	(−2.172)	(−2.031)	(−1.983)	(7.555)	(7.563)	(7.586)	(7.359)
CD	−0.208**	−0.187**	−0.196**	−0.197**	0.124***	0.124***	0.123***	0.128***
	(−2.259)	(−2.015)	(−2.079)	(−2.034)	(6.109)	(6.137)	(6.066)	(6.341)
常数	−0.111	−0.049	0.471	2.046	6.109***	6.050***	5.999***	6.222***
	(−0.060)	(−0.027)	(0.302)	(1.330)	(11.878)	(11.722)	(11.888)	(11.960)
Industry	Yes	Yes	Yes	Yes	Yes	Yes	Yes	Yes

续表

被解释变量	Completion - Logit				Duration - OLS			
替换变量	GetControl	ROE_{t-1}	$CashRatio_{t-1}$	$Subs_{t-1}$	GetControl	ROE_{t-1}	$CashRatio_{t-1}$	$Subs_{t-1}$
回归	(1)	(2)	(3)	(4)	(5)	(6)	(7)	(8)
Year	Yes	Yes	Yes	Yes	Yes	Yes	Yes	Yes
n	564	564	564	564	564	564	564	564
似然方程	−238.7	−238.0	−237.6	−238.1				
伪 R^2	0.159	0.161	0.163	0.161				
调整 R^2					0.403	0.404	0.400	0.399

注：***、**、* 分别表示在 1%、5%、10%水平上显著；Logit 回归括号内为异方差稳健的 z 值，OLS 回归括号内为异方差稳健的 t 值。

表 4-12　制度距离对跨境并购后经营业绩的影响：替换度量稳健性，GetControl

被解释变量	ROE_t	ROE_{t+2}	ROE_{t+3}	ROA_t	ROA_{t+2}	ROA_{t+3}
回归	(1)	(2)	(3)	(4)	(5)	(6)
$reDev_t$	0.001 (0.790)	0.008*** (2.730)	0.011*** (2.985)	0.000 (0.190)	0.003** (2.412)	0.006*** (3.043)
$reGCI_t$	−0.030*** (−3.002)	−0.031** (−2.016)	−0.049*** (−2.717)	−0.020*** (−3.228)	−0.038*** (−4.478)	−0.030*** (−3.707)
$lnSize_{t-1}$	0.007** (2.028)	−0.002 (−0.443)	−0.002 (−0.435)	0.004** (2.199)	0.005** (2.023)	0.006** (1.970)
ROE_{t-1} (ROA_{t-1})	0.567*** (9.509)	0.252*** (2.861)	0.241** (2.370)	0.511*** (6.638)	0.407*** (4.948)	0.314*** (5.330)
Lev_{t-1}	0.049 (1.360)	0.031 (0.684)	0.056 (1.117)	0.030 (1.186)	0.023 (1.074)	0.024 (1.139)
$Cashhold_{t-1}$	0.077** (2.125)	0.085* (1.930)	0.126*** (2.916)	0.025 (1.233)	0.062** (2.346)	0.039** (1.995)
$State_{t-1}$	−0.016* (−1.918)	0.013 (0.832)	0.019 (1.136)	−0.006 (−1.346)	0.002 (0.246)	0.005 (0.787)
Experience	0.037** (2.428)	0.026* (1.964)	0.065*** (2.834)	0.018*** (2.855)	0.026*** (2.611)	0.034*** (4.320)
DealSize	0.016** (2.267)	0.027* (1.761)	0.006 (0.880)	0.009** (2.273)	0.005 (0.424)	0.006* (1.778)
GetControl	−0.002 (−0.248)	0.021 (1.546)	−0.011 (−0.609)	−0.002 (−0.364)	0.012 (1.587)	−0.003 (−0.410)
Cashpay	0.028 (1.605)	0.070** (2.496)	0.088*** (3.039)	−0.006 (−0.409)	0.037** (2.112)	0.032** (2.403)
FID	−0.009** (−2.264)	0.019** (2.359)	0.035*** (3.942)	−0.006** (−2.087)	0.011*** (3.400)	0.024*** (5.997)
CD	0.008** (2.354)	−0.012** (−2.303)	−0.020*** (−4.746)	0.004** (2.316)	−0.007*** (−3.316)	−0.006** (−2.285)

续表

被解释变量	ROE_t	ROE_{t+2}	ROE_{t+3}	ROA_t	ROA_{t+2}	ROA_{t+3}
回归	(1)	(2)	(3)	(4)	(5)	(6)
常数	−0.156**	−0.426*	−0.316**	−0.079	−0.102	−0.206***
	(−2.342)	(−1.804)	(−2.244)	(−0.986)	(−0.750)	(−3.650)
Industry	Yes	Yes	Yes	Yes	Yes	Yes
Year	Yes	Yes	Yes	Yes	Yes	Yes
n	422	422	422	422	422	422
调整 R^2	0.489	0.336	0.319	0.522	0.341	0.317

注：***、**、* 分别表示在 1%、5%、10%水平上显著；括号内为异方差稳健的 t 值。

表 4 - 13　制度距离对跨境并购后经营业绩的影响：替换度量稳健性，$CashRatio_{t-1}$

被解释变量	ROE_t	ROE_{t+2}	ROE_{t+3}	ROA_t	ROA_{t+2}	ROA_{t+3}
回归	(1)	(2)	(3)	(4)	(5)	(6)
$reDev_t$	0.002	0.009***	0.011***	0.000	0.003**	0.006***
	(0.892)	(2.892)	(3.028)	(0.029)	(2.584)	(3.125)
$reGCI_t$	−0.031***	−0.031**	−0.050***	−0.021***	−0.041***	−0.031***
	(−3.094)	(−1.977)	(−2.679)	(−3.402)	(−4.571)	(−3.692)
$lnSize_{t-1}$	0.007*	−0.001	−0.003	0.004**	0.005*	0.006*
	(1.908)	(−0.248)	(−0.625)	(2.170)	(1.906)	(1.890)
ROE_{t-1}	0.579***	0.256***	0.274***	0.517***	0.416***	0.327***
(ROA_{t-1})	(9.762)	(2.898)	(2.695)	(6.647)	(5.075)	(5.517)
Lev_{t-1}	0.032	0.032	0.016	0.026	0.017	0.021
	(0.875)	(0.632)	(0.296)	(0.972)	(0.691)	(0.915)
$CashRatio_{t-1}$	0.002	0.004	0.001	0.001	0.002	0.001
	(0.948)	(1.566)	(0.311)	(0.598)	(1.050)	(0.888)
$State_{t-1}$	−0.016*	0.012	0.021	−0.006	0.002	0.006
	(−1.832)	(0.746)	(1.256)	(−1.325)	(0.329)	(0.885)
Experience	0.037**	0.028**	0.065***	0.017***	0.027***	0.034***
	(2.368)	(2.072)	(2.782)	(2.803)	(2.722)	(4.270)

续表

被解释变量	ROE_t	ROE_{t+2}	ROE_{t+3}	ROA_t	ROA_{t+2}	ROA_{t+3}
回归	(1)	(2)	(3)	(4)	(5)	(6)
DealSize	0.016**	0.027*	0.007	0.009**	0.005	0.006*
	(2.319)	(1.748)	(1.041)	(2.257)	(0.414)	(1.820)
Ownership	0.008	0.020	−0.009	0.007	0.014	−0.003
	(0.682)	(1.040)	(−0.396)	(1.164)	(1.287)	(−0.284)
Cashpay	0.027	0.069**	0.091***	−0.005	0.037**	0.032**
	(1.528)	(2.491)	(3.083)	(−0.380)	(2.160)	(2.439)
FID	−0.009**	0.020**	0.034***	−0.006**	0.012***	0.024***
	(−2.254)	(2.491)	(3.875)	(−2.140)	(3.589)	(5.975)
CD	0.007**	−0.012**	−0.021***	0.004**	−0.008***	−0.006**
	(2.181)	(−2.237)	(−4.829)	(2.155)	(−3.615)	(−2.329)
常数	−0.137**	−0.425*	−0.255*	−0.074	−0.079	−0.196***
	(−2.119)	(−1.790)	(−1.809)	(−0.935)	(−0.586)	(−3.308)
Industry	Yes	Yes	Yes	Yes	Yes	Yes
Year	Yes	Yes	Yes	Yes	Yes	Yes
n	422	422	422	422	422	422
调整 R^2	0.482	0.331	0.308	0.522	0.332	0.314

注：***、**、*分别表示在1%、5%、10%水平上显著；括号内为异方差稳健的 t 值。

表 4-14 制度距离对跨境并购后经营业绩的影响：替换度量稳健性，$Subs_{t-1}$

被解释变量	ROE_t	ROE_{t+2}	ROE_{t+3}	ROA_t	ROA_{t+2}	ROA_{t+3}
回归	(1)	(2)	(3)	(4)	(5)	(6)
$reDev_t$	0.000	0.008**	0.012***	0.001	0.003**	0.004***
	(0.007)	(2.484)	(3.423)	(0.719)	(2.250)	(3.032)
$reGCI_t$	−0.029***	−0.031**	−0.043**	−0.027***	−0.039***	−0.031***
	(−3.067)	(−2.026)	(−2.339)	(−4.473)	(−5.213)	(−3.811)
$lnSize_{t-1}$	0.007**	−0.004	−0.002	0.004**	0.005**	0.005*
	(2.071)	(−0.953)	(−0.316)	(2.286)	(1.990)	(1.705)

续表

被解释变量	ROE_t	ROE_{t+2}	ROE_{t+3}	ROA_t	ROA_{t+2}	ROA_{t+3}
回归	(1)	(2)	(3)	(4)	(5)	(6)
ROE_{t-1} (ROA_{t-1})	0.552*** (8.916)	0.237*** (2.625)	0.219** (2.098)	0.510*** (5.872)	0.395*** (4.999)	0.326*** (5.116)
Lev_{t-1}	0.043 (1.303)	0.040 (0.844)	0.042 (0.836)	0.021 (1.018)	0.022 (1.009)	0.007 (0.321)
$Cashhold_{t-1}$	0.054* (1.691)	0.095** (2.146)	0.124*** (2.978)	0.021 (1.070)	0.069*** (2.708)	0.041** (2.033)
$State_{t-1}$	−0.011 (−1.294)	0.011 (0.677)	0.017 (0.955)	−0.006 (−1.286)	0.001 (0.198)	0.003 (0.413)
$Subs_{t-1}$	0.024*** (2.835)	0.025* (1.743)	0.052*** (3.270)	0.010** (2.144)	0.026*** (4.166)	0.016** (2.015)
DealSize	0.015** (1.969)	0.028* (1.765)	0.005 (0.768)	0.009** (2.273)	0.006 (0.485)	0.007* (1.748)
Ownership	0.017 (1.551)	0.020 (1.040)	−0.010 (−0.486)	0.008 (1.291)	0.014 (1.266)	0.000 (0.029)
Cashpay	0.021 (1.245)	0.058** (2.117)	0.106*** (3.701)	−0.006 (−0.421)	0.035** (2.072)	0.051*** (3.823)
FID	−0.009** (−2.043)	0.016** (1.971)	0.036*** (4.168)	−0.005** (−2.017)	0.010*** (2.911)	0.022*** (5.771)
CD	0.007** (2.046)	−0.013** (−2.345)	−0.015*** (−3.230)	0.003** (2.083)	−0.005** (−2.068)	−0.005** (−2.070)
常数	−0.094 (−1.613)	−0.405* (−1.663)	−0.369*** (−2.640)	−0.018 (−0.354)	−0.099 (−0.766)	−0.106* (−1.919)
Industry	Yes	Yes	Yes	Yes	Yes	Yes
Year	Yes	Yes	Yes	Yes	Yes	Yes
n	422	422	422	422	422	422
调整 R^2	0.485	0.334	0.318	0.517	0.344	0.309

注：***、**、* 分别表示在 1%、5%、10%水平上显著；括号内为异方差稳健的 t 值。

3)更多控制变量稳健性

本书加入更多前人研究中的控制变量测试了模型的稳健性。表4-15和表4-16报告了加入更多控制变量的回归结果。表4-15报告了制度距离对跨境并购成败和跨境并购时长的影响的更多控制变量稳健性检验结果，其中回归(1)为Logit回归，回归(2)为OLS回归。新加入的虚拟变量ComLaw指的是东道国(地区)的法律体系传统，取值为1表示东道国(地区)为英美法系，取值为0则否；lnGeoDist指的是东道国(地区)和中国之间的地理距离，使用东道国(地区)首都和中国首都之间相距千米数的对数度量；$Growth_{t-1}$指的是企业增长速度，使用并购方$t-1$年的总资产年增长率度量；lnFirmAge指的是企业年龄，具体为并购方存续月份数的对数；$Duality_{t-1}$是度量两职合一的虚拟变量，其取值为1表示并购方$t-1$年末董事长兼任总经理，取值为0表示未兼任；$IndepBoard_{t-1}$指的是$t-1$年末并购方董事会中独立董事的比例。后文更多控制变量稳健性中新加入的变量与此处定义相同。可以看到，表4-15中FID和CD对跨境并购达成的回归系数显著为负，对跨境并购时长的回归系数显著为正，与基准回归保持一致。表4-16报告了制度距离对跨境并购后经营业绩的影响的更多控制变量稳健性检验结果，其中各回归均为OLS回归。可以看到，表4-16中FID对跨境并购后短期经营业绩的回归系数均显著为负，对跨境并购后长期经营业绩的回归系数均显著为正，CD对跨境并购后短期经营业绩的回归系数均显著为正，对跨境并购后长期经营业绩的回归系数均显著为负，结果与基准回归中一致，显示模型稳健性良好。

表 4－15　制度距离对跨境并购成败和时长的影响：更多控制变量稳健性

被解释变量	Completion	Duration
回归-估计程序	(1)- Logit	(2)- OLS
$reDev_t$	0.301*** (3.287)	−0.049*** (−3.269)
$reGCI_t$	−0.205 (−0.632)	0.148* (1.733)
$lnSize_{t-1}$	−0.007 (−0.066)	−0.023 (−1.131)
ROA_{t-1}	6.351** (2.448)	−0.992** (−2.118)
Lev_{t-1}	−0.190 (−0.199)	0.457*** (2.998)
$Cashhold_{t-1}$	0.437 (0.341)	−0.265 (−1.454)
$State_{t-1}$	−0.033 (−0.088)	0.042 (0.618)
Experience	0.570* (1.960)	−0.226*** (−3.736)
DealSize	−2.353*** (−2.895)	0.109*** (3.386)
Ownership	0.806** (2.051)	0.045 (0.612)
Cashpay	0.252 (0.390)	−0.270** (−2.105)
Completion		−0.416*** (−6.220)
ComLaw	−0.836*** (−2.852)	0.536*** (9.857)

续表

被解释变量	Completion	Duration
回归-估计程序	(1)- Logit	(2)- OLS
lnGeoDist	0.720** (2.447)	−0.198*** (−3.321)
$Growth_{t-1}$	−0.041* (−1.922)	0.007*** (2.701)
lnFirmAge	−0.908** (−2.148)	0.011 (0.179)
$Duality_{t-1}$	−0.315 (−1.108)	−0.097* (−1.738)
$IndepBoard_{t-1}$	−2.442 (−1.159)	0.415 (0.947)
FID	−0.443** (−2.014)	0.207*** (5.644)
CD	−0.519*** (−3.379)	0.070** (2.302)
常数	0.448 (0.143)	7.925*** (9.725)
Industry	Yes	Yes
Year	Yes	Yes
n	564	564
似然方程	−223.3	
伪 R^2	0.214	
调整 R^2		0.515

注：***、**、* 分别表示在 1%、5%、10% 水平上显著；Logit 回归括号内为异方差稳健的 z 值，OLS 回归括号内为异方差稳健的 t 值。

表 4-16 制度距离对跨境并购后经营业绩的影响:更多控制变量稳健性

被解释变量	ROE_t	ROE_{t+2}	ROE_{t+3}	ROA_t	ROA_{t+2}	ROA_{t+3}
回归	(1)	(2)	(3)	(4)	(5)	(6)
$reDev_t$	0.004 (1.622)	0.010*** (2.834)	0.011*** (2.705)	0.000 (0.039)	0.002 (1.537)	0.006*** (2.864)
$reGCI_t$	−0.012 (−1.025)	−0.034** (−2.167)	−0.054*** (−2.797)	−0.016** (−2.007)	−0.036*** (−4.194)	−0.031*** (−3.497)
$lnSize_{t-1}$	0.007* (1.896)	−0.003 (−0.720)	−0.003 (−0.579)	0.004** (2.135)	0.004* (1.667)	0.005* (1.860)
ROE_{t-1} (ROA_{t-1})	0.564*** (8.808)	0.235*** (2.703)	0.200** (2.048)	0.534*** (5.861)	0.375*** (4.487)	0.317*** (5.588)
Lev_{t-1}	0.036 (0.980)	0.030 (0.684)	0.052 (0.998)	0.029 (1.232)	0.021 (1.013)	0.016 (0.755)
$Cashhold_{t-1}$	0.063* (1.857)	0.088* (1.907)	0.111** (2.535)	0.027 (1.394)	0.050* (1.786)	0.047** (1.981)
$State_{t-1}$	−0.015* (−1.712)	0.005 (0.263)	0.024 (1.355)	−0.008* (−1.716)	−0.001 (−0.129)	0.009 (1.280)
Experience	0.032** (2.260)	0.025* (1.877)	0.060** (2.515)	0.017*** (2.738)	0.020** (2.041)	0.030*** (3.579)
DealSize	0.016** (2.076)	0.023 (1.349)	0.006 (0.792)	0.009** (2.184)	0.005 (0.356)	0.006* (1.696)
Ownership	0.009 (0.780)	0.023 (1.249)	−0.006 (−0.263)	0.005 (0.887)	0.017 (1.648)	−0.004 (−0.365)
Cashpay	0.025 (1.549)	0.060** (2.142)	0.072** (2.553)	−0.000 (−0.015)	0.036** (2.032)	0.027** (2.078)
ComLaw	−0.004 (−0.426)	0.009 (0.698)	−0.005 (−0.360)	−0.002 (−0.328)	0.003 (0.390)	0.005 (0.617)
lnGeoDist	−0.023** (−2.293)	−0.029* (−1.703)	−0.040*** (−2.931)	−0.006 (−0.961)	−0.020*** (−3.105)	−0.023*** (−2.949)
$Growth_{t-1}$	−0.001** (−2.221)	−0.001 (−1.196)	−0.001 (−0.692)	−0.001** (−2.041)	−0.000 (−0.245)	−0.000 (−0.540)

续表

被解释变量	ROE_t	ROE_{t+2}	ROE_{t+3}	ROA_t	ROA_{t+2}	ROA_{t+3}
回归	(1)	(2)	(3)	(4)	(5)	(6)
lnFirmAge	0.017*	0.015	0.010	0.002	0.014*	0.007
	(1.774)	(0.953)	(0.633)	(0.463)	(1.662)	(0.816)
$Duality_{t-1}$	−0.001	0.007	0.024	−0.001	−0.002	0.007
	(−0.159)	(0.502)	(1.393)	(−0.128)	(−0.265)	(0.835)
$IndepBoard_{t-1}$	0.039	0.017	0.002	0.064	0.012	0.021
	(0.435)	(0.138)	(0.012)	(1.253)	(0.201)	(0.318)
FID	−0.011**	0.020**	0.030***	−0.005**	0.008**	0.021***
	(−2.328)	(2.303)	(3.329)	(−2.038)	(2.134)	(5.856)
CD	0.014***	−0.021**	−0.030***	0.006**	−0.013***	−0.014***
	(2.968)	(−2.309)	(−5.744)	(2.090)	(−4.494)	(−3.329)
常数	−0.151	−0.127	0.136	−0.046	0.091	0.011
	(−1.374)	(−0.347)	(0.587)	(−0.596)	(0.500)	(0.109)
Industry	Yes	Yes	Yes	Yes	Yes	Yes
Year	Yes	Yes	Yes	Yes	Yes	Yes
n	422	422	422	422	422	422
调整 R^2	0.503	0.336	0.329	0.527	0.347	0.328

注：***、**、*分别表示在1%、5%、10%水平上显著；括号内为异方差稳健的 t 值。

4)内生性分析：工具变量两阶段回归

首先，解释变量制度距离是国家(地区)层面的宏观因素，对被解释变量跨境并购成败、跨境并购时长和跨境并购后经营业绩这样的微观因素，宏观因素的影响基本是外生的，除非某项交易能够大到影响国家(地区)制度体系，否则反向因果的内生性不会存在，并且本书的微观控制变量采用了滞后一期的取值，进一步规避了这一问题。

其次，对于可能的遗漏变量的内生性问题，本书做了工具变量两阶段回归来检验模型的稳健性。参考前人研究[39,210,292-294]，本书使用经济自由度距离作为正式制度距离的工具变量，使用语言距离作为非正式制度距离的工具变量。经济自由度指数由美国传统基金会(The Heritage Foundation)发布，变量计算方法和式(4－1)相同。语言距离变量数据来自“世界语言结构图册”项目(The World Atlas of Language Structures Project)，变量计算方法相对复杂，参考道(Dow)等[295]、洛曼(Lohmann)[296]。工具变量均通过了内生性检验和弱工具变量检验。

表 4－17 报告了制度距离对跨境并购成败和跨境并购时长的影响的工具变量两阶段回归的结果。针对被解释变量为虚拟变量的考察跨境并购成败的模型，本书使用了 IV Probit 估计程序，结果如回归(1)所示。针对考察跨境并购时长的模型，本书使用了 IV 2SLS 估计程序，结果如回归(2)所示。可以看到，表 4－17 中 FID 和 CD 对跨境并购达成的回归系数均显著为负，对跨境并购时长的回归系数均显著为正，与基准回归中一致。表 4－18 报告了制度距离对跨境并购后经营业绩的影响的工具变量两阶段回归的结果，表中回归均使用 IV 2SLS 估计程序。可以看到，表 4－18 中 FID 对跨境并购后短期经营业绩的回归系数均显著为负，对跨境并购后长期经营业绩的回归系数均显著为正，CD 对跨境并购后短期经营业绩的回归系数均显著为正，对跨境并购后长期经营业绩的回归系数均显著为负，结果与基准回归中一致，显示模型稳健性良好。

表 4－17　制度距离对跨境并购成败和时长的影响：工具变量两阶段回归

被解释变量	Completion	Duration
回归-估计程序	(1)－IV Probit	(2)－IV 2SLS
$reDev_t$	0.187***	−0.068***
	(3.195)	(−3.692)
$reGCI_t$	0.040	0.132*
	(0.231)	(1.765)
$reDev_t$	0.187***	−0.068***

续表

被解释变量	Completion	Duration
回归-估计程序	(1)-IV Probit	(2)-IV 2SLS
$\ln Size_{t-1}$	−0.015 (−0.250)	−0.012 (−0.560)
ROA_{t-1}	4.061*** (3.212)	−0.904** (−2.249)
Lev_{t-1}	0.128 (0.248)	0.506*** (2.970)
$Cashhold_{t-1}$	0.397 (0.624)	−0.342* (−1.712)
$State_{t-1}$	−0.034 (−0.176)	0.013 (0.178)
Experience	0.350** (2.185)	−0.148** (−2.354)
DealSize	−1.510*** (−3.429)	0.120*** (3.810)
Ownership	0.460** (2.112)	−0.026 (−0.324)
Cashpay	0.048 (0.131)	−0.253* (−1.688)
Completion		−0.512*** (−7.656)
FID	−0.300** (−2.081)	0.204*** (3.970)
CD	−0.120** (−2.175)	0.124*** (4.911)
常数	−0.204 (−0.197)	6.487*** (10.799)

续表

被解释变量	Completion	Duration
回归-估计程序	(1)-IV Probit	(2)-IV 2SLS
Industry	Yes	Yes
Year	Yes	Yes
n	564	564
伪似然方程	−533.2	
调整 R^2		0.400

注：***、**、*分别表示在1%、5%、10%水平上显著；括号内为异方差稳健的 z 值。

表 4－18　制度距离对跨境并购后经营业绩的影响：工具变量两阶段回归

被解释变量	ROE_t	ROE_{t+2}	ROE_{t+3}	ROA_t	ROA_{t+2}	ROA_{t+3}
回归	(1)	(2)	(3)	(4)	(5)	(6)
$reDev_t$	0.003 (0.906)	0.010*** (2.881)	0.006 (1.546)	−0.001 (−0.699)	0.004** (2.316)	0.006*** (2.666)
$reGCI_t$	−0.028*** (−2.662)	−0.028* (−1.685)	−0.034* (−1.928)	−0.014** (−2.267)	−0.036*** (−4.125)	−0.027*** (−3.547)
$lnSize_{t-1}$	0.008* (1.890)	0.002 (0.455)	−0.003 (−0.590)	0.003* (1.714)	0.006** (2.301)	0.006** (2.001)
ROE_{t-1} (ROA_{t-1})	0.566*** (9.943)	0.188** (2.468)	0.245** (2.567)	0.528*** (6.285)	0.361*** (4.682)	0.316*** (5.453)
Lev_{t-1}	0.043 (1.469)	0.040 (0.824)	0.031 (0.684)	0.026 (1.225)	0.008 (0.373)	0.015 (0.721)
$Cashhold_{t-1}$	0.057 (1.538)	0.069 (1.526)	0.133*** (2.890)	0.039* (1.807)	0.062** (2.520)	0.039** (2.024)
$State_{t-1}$	−0.018** (−2.041)	−0.002 (−0.135)	0.017 (1.038)	−0.010** (−2.389)	0.007 (1.014)	0.007 (1.138)
Experience	0.038** (2.517)	0.027** (2.228)	0.055*** (2.659)	0.016*** (2.682)	0.022** (2.257)	0.037*** (5.038)

续表

被解释变量	ROE_t	ROE_{t+2}	ROE_{t+3}	ROA_t	ROA_{t+2}	ROA_{t+3}
回归	(1)	(2)	(3)	(4)	(5)	(6)
DealSize	0.015**	0.023*	0.009	0.009**	0.004	0.006**
	(2.083)	(1.769)	(1.207)	(2.086)	(0.356)	(1.983)
Ownership	0.015	0.016	−0.014	0.005	0.013	−0.004
	(1.410)	(0.846)	(−0.754)	(0.865)	(1.226)	(−0.330)
Cashpay	0.036**	0.058**	0.071**	−0.004	0.040**	0.028**
	(2.180)	(2.075)	(2.384)	(−0.307)	(2.176)	(2.194)
FID	−0.014**	0.030**	0.025***	−0.007**	0.013***	0.025***
	(−2.094)	(2.419)	(2.935)	(−1.982)	(2.609)	(4.869)
CD	0.007**	−0.029**	−0.014***	0.004**	−0.007***	−0.007**
	(2.050)	(−1.973)	(−3.209)	(2.149)	(−2.886)	(−2.293)
常数	−0.149**	−0.406*	−0.131	−0.040	−0.192	−0.203***
	(−2.037)	(−1.663)	(−1.145)	(−0.860)	(−1.330)	(−2.967)
Industry	Yes	Yes	Yes	Yes	Yes	Yes
Year	Yes	Yes	Yes	Yes	Yes	Yes
n	422	422	422	422	422	422
调整 R^2	0.495	0.334	0.346	0.524	0.322	0.301

注：***、**、*分别表示在1%、5%、10%水平上显著；括号内为异方差稳健的 z 值。

5）内生性分析：处理效应模型

有一种“自选择”的可能情形，即并购方会考虑国家（地区）间制度距离的情况来选择跨境并购的目标地。虽然现实中并购方对于目标地的选择主要是考虑寻求市场机会、整合供应链、扩充产能、获取技术资源等，但是计量上存在这一可能性。针对这一问题，参考陈强的计量知识介绍，本书使用处理效应模型检验模型的稳健性。处理效应模型需要解释变量为虚拟变量，因此本书针对 FID 和 CD 使用均值构造虚拟变量，例如 FID 的虚拟变量 FID_dummy，当 FID 大于等于其均值时 FID_dummy 取值为 1，否则取值为 0，其余变量的虚拟变量构造与此相类似。

表 4－19、表 4－20 和表 4－21 报告了处理效应模型的回归结果，其中 FID_dummy 是 FID 的虚拟变量，CD_dummy 是 CD 的虚拟变量（下文与此相同）。表 4－19 报告了制度距离对跨境并购成败和跨境并购时长的影响的处理效应模型回归结果。可以看到，表 4－19 中 FID_dummy 和 CD_dummy 对跨境并购达成的回归系数均显著为负，对跨境并购时长的回归系数均显著为正，结果与基准回归中保持一致。表 4－20 和表 4－21 报告了制度距离对跨境并购后经营业绩的影响的处理效应模型回归结果。可以看到，表 4－20 和表 4－21 中 FID_dummy 对跨境并购后短期经营业绩的回归系数均显著为负，对跨境并购后长期经营业绩的回归系数均显著为正，CD_dummy 对跨境并购后短期经营业绩的回归系数均显著为正，对跨境并购后长期经营业绩的回归系数均显著为负，结果与基准回归中一致，显示模型稳健性良好。

表 4－19　制度距离对跨境并购成败和时长的影响：处理效应模型

被解释变量	Completion		Duration	
回归	(1)	(2)	(3)	(4)
$reDev_t$	Yes	Yes	−0.093*** (−6.316)	−0.052*** (−2.688)
$reGCI_t$	Yes	Yes	0.101 (1.304)	0.212*** (2.759)
$lnSize_{t-1}$	Yes	Yes	−0.009 (−0.416)	−0.019 (−0.844)
ROA_{t-1}	Yes	Yes	−0.895* (−1.722)	−0.779* (−1.934)
Lev_{t-1}	Yes	Yes	0.469** (2.534)	0.615*** (3.611)

续表

被解释变量	Completion		Duration	
回归	(1)	(2)	(3)	(4)
$Cashhold_{t-1}$	Yes	Yes	−0.419** (−1.983)	−0.406* (−1.900)
$State_{t-1}$	Yes	Yes	0.052 (0.637)	0.010 (0.126)
Experience	Yes	Yes	−0.171*** (−2.666)	−0.159** (−2.427)
DealSize	Yes	Yes	0.114*** (3.248)	0.115*** (3.718)
Ownership	Yes	Yes	−0.065 (−0.791)	−0.100 (−1.210)
Cashpay	Yes	Yes	−0.270* (−1.752)	−0.366** (−2.499)
Completion			−0.565*** (−8.609)	−0.510*** (−7.596)
FID		Yes		0.265*** (5.940)
FID_dummy	−0.162*** (−2.671)		0.678*** (3.112)	
CD	Yes		0.131*** (5.954)	
CD_dummy		−0.352*** (−2.595)		0.303** (2.262)
常数	Yes	Yes	7.072*** (13.791)	6.697*** (11.989)
Industry	Yes	Yes	Yes	Yes
Year	Yes	Yes	Yes	Yes
n	564	564	564	564

注：***、**、*分别表示在1%、5%、10%水平上显著；括号内为异方差稳健的 z 值；被解释变量为虚拟变量的处理效应模型回归中控制变量的系数统计软件未报告，下同。

表 4-20 制度距离对跨境并购后短期经营业绩的影响:处理效应模型

被解释变量	ROE_t		ROA_t	
回归	(1)	(2)	(3)	(4)
$reDev_t$	0.001 (0.465)	0.004* (1.784)	0.001 (1.301)	0.001 (1.028)
$reGCI_t$	−0.023** (−2.331)	−0.025*** (−2.674)	−0.016** (−2.552)	−0.018*** (−2.843)
$lnSize_{t-1}$	0.006* (1.827)	0.004 (1.284)	0.004** (2.071)	0.004** (1.979)
ROE_{t-1} (ROA_{t-1})	0.580*** (9.930)	0.564*** (9.482)	0.521*** (7.185)	0.507*** (6.903)
Lev_{t-1}	0.040 (1.291)	0.043 (1.248)	0.026 (1.124)	0.024 (0.990)
$Cashhold_{t-1}$	0.045 (1.519)	0.048* (1.664)	0.022 (1.103)	0.023 (1.151)
$State_{t-1}$	−0.017** (−2.064)	−0.018** (−2.244)	−0.011** (−2.442)	−0.010** (−2.165)
Experience	0.033** (2.181)	0.029** (2.079)	0.017*** (2.824)	0.018*** (2.579)
DealSize	0.016** (2.305)	0.015** (2.148)	0.009** (2.242)	0.009** (2.160)
Ownership	0.015 (1.439)	0.015 (1.463)	0.006 (1.051)	0.007 (1.145)
Cashpay	0.025 (1.559)	0.027 (1.626)	−0.004 (−0.306)	−0.005 (−0.418)
FID		−0.016*** (−3.880)		−0.005** (−2.152)
FID_dummy	−0.030*** (−2.576)		−0.013** (−2.291)	

续表

被解释变量	ROE_t		ROA_t	
回归	(1)	(2)	(3)	(4)
CD	0.008** (2.395)		0.005*** (2.616)	
CD_dummy		0.029** (2.393)		0.018*** (2.632)
常数	−0.202*** (−3.253)	−0.148** (−2.478)	−0.120* (−1.819)	−0.092 (−1.221)
Industry	Yes	Yes	Yes	Yes
Year	Yes	Yes	Yes	Yes
n	422	422	422	422

注：***、**、* 分别表示在1%、5%、10%水平上显著；括号内为异方差稳健的 z 值。

4.2.4 进一步分析

本书进一步分析了正式制度距离和非正式制度距离影响的相对重要性，以及制度距离在跨境并购后阶段过渡期间的影响。

1)正式制度距离和非正式制度距离影响的相对重要性

目前，有两种比较自变量影响大小的方法，一是标准化系数法，二是相对重要性分析法(Dominance Analysis)。标准化系数法首先将所有自变量和因变量进行标准化处理，然后对回归得到的变量系数进行比较。由于标准化系数法不适用于离散型的因变量或自变量，因而不适用于对跨境并购成败模型的考察，因此本书参考叶(Ye)等[297]的方法，采用相对重要性分析法来分析正式制度距离和非正式制度距离影响的相对大小。相对重要性分析法通过对回归模型 R^2 的分解来确定自变量影响的重要性。表 4－22 报告了相对重要性分析的结果。表 4－22 中的回归(1)是制度距离对跨境并购成败的影响，其中 FID 的边际重要性为 0.004，CD 的边际重要性为 0.003，二者的比值为 1.333，这表明正式制度距离对企业跨境并购成败影响的重要性是非正式制度距离影响的 1.333 倍。从表中结果可知，正式制度距离对跨境并购时长的影响重要性大于非正式制度距离的影响。对于跨境并购后经营业绩，正式制度距离的影响重要性则基本小于非正式制度距离的影响。上述结果表明，在跨境并购前阶段正式制度距离影响的重要性相对大一些，而在跨境并购后阶段，非正式制度距离影响的重要性相对大一些。这一结果是对企业采用的转移策略的一个佐证。企业采用转移策略将非正式制度距离的部分短期消极作用的影响转移到长期去承担，因此表现出正式制度距离在短期的影响相对重要性更大，非正式制度距离在长期的影响相对重要性更大。

2)制度距离在跨境并购后阶段过渡期间的影响

进一步观察制度距离在跨境并购后阶段的过渡期间的影响，表 4－23 报告了相关结果。如表 4－23 所示，回归(2)和(6)报告了制度距离在跨境并购后阶段过渡期间的影响。正式制度距离 FID 对 $t+1$ 年经营业绩的回归系数为正向不显著，这表明正式制度距离对跨境并购后经营业绩的影响在 $t+1$ 年处在由负转正的变化之中，这也是将 $t+1$ 年作为过渡期间的由来。非正式制度距离 CD 对 $t+1$ 年经营业绩的回归系数为负向不显著，显示出非正式制度距离对跨境并购后经营业绩的影响在过渡期间由正转负的趋势。两类制度距离在过渡期间的影响表明，制度距离的动态性影响具有连续性、渐变性。

表 4-21 制度距离对跨境并购后长期经营业绩的影响:处理效应模型

被解释变量	ROE_{t+2}		ROA_{t+2}		ROE_{t+3}		ROA_{t+3}	
回归	(1)	(2)	(3)	(4)	(5)	(6)	(7)	(8)
$reDev_t$	0.007***	0.007***	0.000	0.003**	0.004	0.010***	−0.000	0.002
	(3.038)	(2.610)	(0.194)	(2.115)	(0.965)	(2.778)	(−0.033)	(1.162)
$reGCI_t$	−0.031**	−0.035**	−0.036***	−0.041***	−0.037**	−0.034**	−0.034***	−0.038***
	(−2.090)	(−2.326)	(−4.530)	(−4.790)	(−2.181)	(−1.964)	(−4.009)	(−4.836)
$lnSize_{t-1}$	−0.001	−0.001	0.006**	0.004	−0.001	−0.002	0.007***	0.005**
	(−0.217)	(−0.325)	(2.489)	(1.624)	(−0.235)	(−0.531)	(2.813)	(2.233)
ROE_{t-1}	0.223***	0.224***	0.312***	0.359***	0.244**	0.250**	0.317***	0.299***
(ROA_{t-1})	(3.160)	(2.620)	(4.556)	(4.932)	(2.472)	(2.315)	(5.810)	(5.186)
Lev_{t-1}	0.040	0.030	0.013	0.025	−0.001	0.027	0.015	0.005
	(1.015)	(0.617)	(0.623)	(1.155)	(−0.026)	(0.486)	(0.763)	(0.233)
$Cashhold_{t-1}$	0.102**	0.080*	0.060**	0.063**	0.143***	0.157***	0.050**	0.032
	(2.437)	(1.754)	(2.361)	(2.264)	(3.089)	(3.322)	(2.101)	(1.437)
$State_{t-1}$	0.017	0.020	−0.004	0.005	0.027	0.025	0.000	0.008
	(1.340)	(1.435)	(−0.570)	(0.730)	(1.533)	(1.371)	(0.056)	(1.170)
Experience	0.028**	0.029**	0.023**	0.024**	0.056***	0.068***	0.034***	0.033***
	(2.323)	(2.271)	(2.552)	(2.514)	(2.975)	(3.123)	(4.313)	(4.328)

续表

被解释变量	ROE_{t+2}		ROA_{t+2}		ROE_{t+3}		ROA_{t+3}	
回归	(1)	(2)	(3)	(4)	(5)	(6)	(7)	(8)
DealSize	0.025*	0.027*	0.004	0.006	0.009	0.010	0.008**	0.009**
	(1.915)	(1.851)	(0.289)	(0.494)	(1.348)	(1.163)	(2.552)	(2.283)
Ownership	0.019	0.016	0.013	0.014	−0.020	−0.018	−0.007	−0.008
	(1.163)	(0.936)	(1.266)	(1.258)	(−1.037)	(−0.876)	(−0.643)	(−0.791)
Cashpay	0.067**	0.066**	0.042**	0.032*	0.043*	0.069**	0.026**	0.027**
	(2.414)	(2.330)	(2.279)	(1.811)	(1.668)	(2.303)	(2.085)	(2.227)
FID		0.031***		0.011***		0.029***		0.016***
		(3.600)		(3.145)		(3.829)		(4.662)
FID_dummy	0.158***		0.077**		0.135**		0.031**	
	(5.704)		(2.459)		(2.387)		(2.491)	
CD	−0.013**		−0.007**		−0.020***		−0.009***	
	(−2.038)		(−2.554)		(−3.680)		(−3.544)	
CD_dummy		−0.110**		−0.031**		−0.210***		−0.067***
		(−2.082)		(−2.017)		(−5.691)		(−2.989)
Constant	−0.476**	−0.329*	−0.121	−0.141	−0.269*	−0.315**	−0.052	−0.098*
	(−2.560)	(−1.693)	(−0.889)	(−1.049)	(−1.905)	(−2.274)	(−1.060)	(−1.784)

续表

被解释变量	ROE_{t+2}		ROA_{t+2}		ROE_{t+3}		ROA_{t+3}	
回归	(1)	(2)	(3)	(4)	(5)	(6)	(7)	(8)
Industry	Yes	Yes	Yes	Yes	Yes	Yes	Yes	Yes
Year	Yes	Yes	Yes	Yes	Yes	Yes	Yes	Yes
n	422	422	422	422	422	422	422	422

注：***、**、*分别表示在1%、5%、10%水平上显著；括号内为异方差稳健的 *z* 值。

表 4－22　正式制度距离和非正式制度距离作用的相对重要性

被解释变量	Completion	Duration	ROE_t	ROE_{t+2}	ROE_{t+3}	ROA_{t+1}	ROA_{t+2}	ROA_{t+3}
回归	(1)	(2)	(3)	(4)	(5)	(6)	(7)	(8)
相对重要性：FID	0.004	0.147	0.006	0.012	0.014	0.023	0.015	0.043
相对重要性：CD	0.003	0.033	0.030	0.070	0.087	0.044	0.037	0.035
相对重要性之比：FID/ CD	1.333	4.455	0.200	0.171	0.161	0.523	0.405	1.229

表 4－23 制度距离对跨境并购后经营业绩的影响:过渡期间

被解释变量	ROE_t	ROE_{t+1}	ROE_{t+2}	ROE_{t+3}	ROA_t	ROA_{t+1}	ROA_{t+2}	ROA_{t+3}
回归	(1)	(2)	(3)	(4)	(5)	(6)	(7)	(8)
FID	−0.009**	0.003	0.019**	0.035***	−0.006**	0.004	0.011***	0.024***
	(−2.307)	(0.467)	(2.428)	(3.916)	(−2.159)	(1.061)	(3.370)	(5.921)
CD	0.007**	−0.002	−0.012**	−0.020***	0.004**	−0.001	−0.007***	−0.006**
	(2.251)	(−0.437)	(−2.259)	(−4.805)	(2.194)	(−0.308)	(−3.236)	(−2.250)
常数	Yes	Yes	Yes	Yes	Yes	Yes	Yes	Yes
Industry	Yes	Yes	Yes	Yes	Yes	Yes	Yes	Yes
Year	Yes	Yes	Yes	Yes	Yes	Yes	Yes	Yes
n	422	422	422	422	422	422	422	422
调整 R^2	0.489	0.376	0.334	0.318	0.523	0.396	0.340	0.317

注:***、**、*分别表示在1%、5%、10%水平上显著;括号内为异方差稳健的 t 值。

4.3 结果讨论

从实证结果来看，制度距离对企业跨境并购绩效的影响的动态性是贯穿在整个跨境并购过程中的。以往的多数研究对制度距离作用的认识是静态的、分离的，在其研究中，制度距离的影响在并购后阶段和并购前阶段是一样的[8]，并且制度距离要么是有积极作用，要么是有消极作用，两种作用不会同时存在[15,213]。少数研究同时考察了制度距离对跨境并购后阶段短期绩效和长期绩效的影响，或认识到制度距离是一把“双刃剑”，但都未能发现背后的动态机制[227,234]。

本书指出，无论是正式制度距离，还是非正式制度距离，均同时具有积极作用和消极作用。在此基础上，制度距离作用的动态性体现在两个方面，一是其积极作用和消极作用相互组合、此消彼长的变化（横向变化），二是制度距离最终表现出的影响在时间上的变化（纵向变化）。可以说，制度距离两种作用的横向变化导致了其最终影响表现出纵向变化，也就是时间上的动态性。

制度距离的积极作用（制度套利、新知识积累）相对于其消极作用（合法性缺失、信息不对称）的滞后性是动态性的基础，在整体上造成了积极作用的延后发挥，在局部造成了制度距离的积极作用和消极作用的强弱不均。制度距离积极作用的相对滞后性的具体原因是积极作用需要企业的学习、研发行为参与，根本性原因是物理世界的熵增特性。熵增原理指出，物理世界有着向更加无序状态自然转变的特性，要使得物理系统向着更加有序的状态变化，就需要能量输入。社会系统同样受物理规律支配，像制度距离的消极作用这种将社会系统推向更加无序状态的熵增行为并不需要特别的能量输入（即行为参与），而像制度距离的积极作用这种将社会系统推向更加有序状态的熵减行为则需要大量能量输入。输入能量抵抗熵增过程及社会系统从无序状态向有序状态转变必然需要一个过程，这就是滞后性的根本基础。

在探寻制度距离的影响的过程中，本书发现必须将正式制度距离和非正式制度距离分开分析，因为这两者的作用行为已经表现出显著的不同。已有的研究将正式制度距离和非正式制度距离的作用视为同质，因此出现了很多不合逻辑的分析。总的来看，现有研究虽然区分正式制度距离和非正式制度距离的概念，但并未能搞清正式制度距离和非正式制度距离作用的异质性及其原因。本书结合制度理论与企业知识理论，从企业学习知识的角度出发，指出相对于正式制度，非正式制度作为知识的规模更大、习得难度更高且私有性更强，这导致非正式制度距离的消极作用相对于正式制度距离的消极作用更加持久，非正式制度距离的积极作用要滞后于正式制度距离的积极作用。进一步，本书还详细分析了正式制度和非正式制度的不同约束力带来的正式制度距离和非正式制度距离的作用的差异。本书对正式制度和非正式制度差异的分析打开了制度距离作用的"黑箱"，揭示了正式制度距离和非正式制度距离具有异质性作用的根本原因，进一步发展了制度理论。这项理论突破一方面有助于解决前人研究结论相互冲突的问题，另一方面为未来研究分析外部环境提供了新的制度理论基础。

本书的另一个重要发现是中国企业应对制度距离的策略。长期以来，跨境并购领域的绝大多数研究都将制度距离视作不可对抗的外部环境，企业面对制度距离是完全被动的[2, 43]。本书发现，非正式制度的非强制性约束力给了企业一个选择权，而中国企业敏锐地抓住了这一机会。中国企业在面对东道国(地区)不同的制度规则时，遵守正式制度的约束，而选择性地遵守非正式制度的约束，将部分非正式制度延迟到长期去遵守，大大降低了短期内制度距离消极作用的成本，缓解了短期生存压力，提高了跨境经营的生存率。这一发现表明，企业在面对制度距离时并不是完全被动的，如果有意识地研究和区分东道国（地区）制度规则的约束力，企业完全可以针对不同的制度规则采取差异化的应对策略，对于某项具体的制度规则，企业可以在最佳的时机以最低成本去应对。更重要的一点是，企业采用这种转移策略应对制度距离并不需要类似并购经验、事先联盟这种先决条件，换言之，所有企业在面对制度距离时均可以实施类似的应对策略，并且不必提前做出过多准备动作，只需要在接触东道国（地区）制度规则时做出合适的选择即可。

中国企业面对制度距离的主动性还体现在积极拥抱制度差异的态度上。与西方发达国家（地区）企业相比，中国企业在世界舞台属于后发选手，无论是技术积累还是国际化进程都落后于发达国家（地区）企业。作为先发选手，这些发达国家的企业无论在技术上还是在商业规则上都是规则制定者，中国企业这样的后发选手多数是规则遵守者。规则制定者制定的都是对自身有利的规则，规则进一步成为巩固其优势地位的工具。在这种竞争环境下，中国企业并不是简单、被动地接受规则，而是积极地利用规则差异，正是这种积极的态度才促使企业能够挖掘制度距离的积极作用。在无力改变规则时就积极利用规则差异，这是一种非对称竞争的思想。无论是利用规则差异进行制度套利，还是吸收不同制度体系中的优势知识，都体现出中国企业非对称竞争的智慧。这种策略避免了企业在对手强势的领域陷入低效率竞争，可以使企业有效利用自身能力建立非对称竞争优势。很长一段时间，前人的研究都是以发达国家的企业为分析对象，发达国家的先发企业拥有技术优势和制度优势，他们拥抱标准化和规模经济（如跨境并购领域的知识转移问题就是一个很好的例子），因此无论是学术研究还是企业实践都将差异视为带来成本并需要消除的不利因素[263, 269]。中国企业则拥抱差异和非对称优势，不仅仅看到差异的成本效应，还将差异视为可以转化的资源，这一方面是因为全球竞争环境并没有给中国企业强势傲慢的机会，另一方面也是因为中国特有的文化理念，非对称竞争的思想既像《孙子兵法》中的“以正合，以奇胜”，也像“避实击虚”的游击战策略。中国企业的这种经验知识实际上适用于所有发展中国家（地区）的后发企业，这是中国企业实践对世界的贡献。

4.4　本章小结

基于 2002—2020 年 A 股上市企业的跨境并购数据，利用 Logit 回归、OLS 回归等分析方法，实证检验发现：正式制度距离和非正式制度距离对企业跨境并购达成有负向影响，对企业跨境并购时长有正向影响；正式制度距离对企业跨境并购后短期经营业绩有负向影响，对跨境并购后长期经营业绩有正向影响；非正式制度距离对企业跨境并购后短期经营业绩有正向影响，对跨境并购后长期经营业绩有负向影响。在经过替换度量、加入更多控制变量、工具变量两阶段回归、处理效应模型等一系列稳健性检验后，上述结论依然成立。本章研究假设的验证情况如表 4-24 所示。

表 4-24　研究假设验证情况：制度距离对企业跨境并购绩效的影响

编号	假设内容	方向	验证情况
H1	正式制度距离对企业跨境并购达成有负向影响	−	支持
H2	非正式制度距离对企业跨境并购达成有负向影响	−	支持
H3	正式制度距离对企业跨境并购时长有正向影响	+	支持
H4	非正式制度距离对企业跨境并购时长有正向影响	+	支持
H5	正式制度距离对企业跨境并购后短期经营业绩有负向影响	−	支持
H6a	非正式制度距离对企业跨境并购后短期经营业绩有负向影响	−	未支持
H6b	非正式制度距离对企业跨境并购后短期经营业绩有正向影响	+	支持
H7	正式制度距离对企业跨境并购后长期经营业绩有正向影响	+	支持
H8	非正式制度距离对企业跨境并购后长期经营业绩有负向影响	−	支持

研究进一步分析了正式制度距离和非正式制度距离影响的相对大小，发现在跨境并购前阶段，正式制度距离影响的重要性相对更大一些，而在跨境并购后阶段，非正式制度距离影响的重要性相对更大一些，这一结果是对企业采用转移策略的一个佐证。研究还分析了制度距离在跨境并购后阶段的过渡期间的影响，结果表明制度距离的动态性影响具有连续性、渐变性。

本书研究的结果表明，制度距离对企业跨境并购绩效的影响的动态性是贯穿在整个跨境并购过程中的。制度距离的积极作用相对于其消极作用的滞后性是动态性的基础，在整体上造成了积极作用的延后发挥，在局部造成了制度距离的积极作用和消极作用的强弱不均。本书的另一个重要发现是，企业在面对制度距离这种宏观外部约束时并不是完全被动的，企业一方面可以积极利用制度距离的积极作用，另一方面可以有策略地应对制度距离的消极作用。

关键术语

交易状态	世界治理指数(WGI)	Hofstede 文化指数
Logit 回归模型	Probit 回归模型	OLS 回归模型
多重共线性	方差膨胀因子	相关系数
稳健性检验	内生性	工具变量两阶段回归
处理效应模型	工具变量	遗漏变量
自选择	标准化系数法	相对重要性分析法

第5章　制度距离的应对策略

5.1　企业应对策略

5.1.1　树立对制度距离的全面认识，积极开发利用制度距离的有利作用

长期以来，制度距离都被视为企业全球化发展的主要障碍之一，人们看到制度距离就想到风险和成本。实际上制度距离有其积极的一面，本书详细分析了制度距离具有的有利作用及其机制，实证分析结果也证实了理论分析的推断。

根据本书的分析，企业可以充分利用制度距离带来的制度套利和积累新知识的机会。与积累新知识相比，制度套利的难度较小，所需时间也较短，更重要的是，制度套利可以让企业的已有能力重新建立竞争优势，而不至于成为过时的沉没成本。积累新知识可以帮助企业构建新的企业能力，从而建立新的竞争优势，虽然这一益处更加耗时，但是其收益是可观的、长期性的。

利用制度套利的关键有两点。一是要进行广泛搜索，不要将范围局限于法律法规等制度的层面，要扩散到文化、生活习惯，甚至是气候等全方位的规则特征中去。只要有差异，就存在套利的可能性。二是要进行充分测试，一项规则差异是否能有效转化为现实利益，要在大规模应用前进行小范围的充分测试。一项制度差异尚未被利用，其原因是多种多样的，在测试中解决背后的核心问题，制度套利就可以走向实际化、规模化。

未来是多极化发展的时代，是合作共赢的时代。在未来，包容差异将是世界的主流。企业应充分了解、开发和利用制度距离的积极作用，不再将制度距离视为主要威胁。

5.1.2 动态应对制度距离的影响

本书已经证实，制度距离对企业跨境并购绩效的影响在各阶段有所不同，其中正式制度距离和非正式制度距离的影响也有所不同。对企业而言，应该针对制度距离的动态性影响制定相应的动态应对策略。正式制度距离和非正式制度距离在并购前阶段都表现为不利影响，企业在这一阶段应该重点投入于提高自身合法性和降低信息不对称两方面的活动，才能提高跨境并购交易成功率、提高交易效率并降低交易成本，而不能盲目地急于挖掘制度套利或积累新知识的机会，这两项活动的产出周期较长，于短期的促进跨境并购达成和降低跨境并购时长无益。在并购后阶段，企业应对东道国（地区）的正式制度和非正式制度做详细区分，尤其是对非正式制度中主要制度差异做约束力的后果分析，在此基础上积极实行转移策略，以提高企业并购后短期内在东道国（地区）的生存率。企业在跨境并购后阶段对于制度距离有利作用的开发，应该先重点针对正式制度距离，因为正式制度相对规模较小。对非正式制度距离的开发利用应该是长期性、持续性的，但是年投入规模可以相对较小，因为非正式制度的规模大，而且约束力相对不强。

5.2 宏观政策建议

对中国及广大发展中国家而言，本国企业进行跨境并购实非易事，政府应加强对跨境并购企业的指导和支持，具体可以从以下两方面来做。

5.2.1　加强制度基础设施建设

政府应加强制度基础设施建设，为本国跨境投资、跨境经营企业提供基础服务支持。首先，加强对主要经贸伙伴国家（地区）的制度梳理、研究，并建设相应的制度服务数据库，供本国企业使用。其次，加强对国家（地区）间具体制度差异的研究，研究成果整合进制度服务数据库中，为本国企业，尤其是广大中小型企业捕捉机会提供便利条件。在具体制度差异研究中，应特别注意对非正式制度差异的研究。由于正式制度的规范性、易得性，正式制度差异带来的机会通常很容易被探索和利用，通常大部分正式制度差异已经被利用得较为充分。非正式制度通常规模较大、覆盖范围广，涉及社会生活的方方面面，并且异质性很强，对非正式制度差异的利用是企业建立差异化优势的主要方向。目前，此类服务通常由商业咨询机构提供，对于中小企业而言成本较高。如果政府建设相关基础设施，并引导学术研究投入，将为本国企业提供有力的智力支持，降低企业学习和掌握各国制度差异的成本。

5.2.2　加强企业跨境并购后早期的扶持

企业跨境并购受到制度距离在各个阶段的多重影响，其中最为关键的是并购后早期阶段。并购达成仅仅是并购的开始。如果并购失败，企业的沉没成本相对有限，如果并购达成，企业又经营了几年才失败，这样企业的沉没成本是巨大的，因为并购后早期企业通常还处在投资期。正因为跨境并购的成本和风险如此巨大，所以跨境并购通常由大型企业发起。为了能够支持中小企业走出国门，扩张自己的业务，发展中国家的政府应该加强对本国跨境并购企业的扶持，尤其是在跨境并购后的早期阶段，提高其抗风险能力和生存能力。首先，政府可以有计划地指导跨境并购企业，为处在跨境并购后早期的企业提供培训及免费的咨询服务，帮助其良好应对早期的制度差异问题。其次，政府可以为处在跨境并购后早期的企业提供政策支持，如税收优惠、政府补贴等，提高其抗压能力。再次，政府可以引导设立产业基金，为企业跨境并购后早期提供境外投资保险，通过建立完善的保险体系，系统性降低企业跨境并购风险。

5.3　本章小结

面对制度距离，企业应树立对制度距离的全面认识，积极开发和利用制度距离的有利作用，动态应对制度距离的影响。在并购前阶段，企业应重点投入应对制度距离的不利影响，并善用转移策略，提高企业跨境并购后早期的生存能力，此时不宜过早开始对制度距离的积极作用进行开发利用。在并购后阶段，企业要积极开发利用制度距离的有利作用，可以从难度相对小的制度套利开始做起。

对政府而言，如果想要支持本国企业通过跨境并购进行全球扩张，可以加强对主要经贸伙伴国家（地区）的制度及两国（地区）间制度差异的研究，并建立制度服务数据库，便利本国企业捕获商业机会。政府还可以为企业提供咨询服务、政策支持，以及完善境外投资保险体系，对处在跨境并购后早期的企业进行扶持。

关键术语

沉没成本	动态应对策略	制度基础设施
制度服务数据库	税收优惠	政府补贴
产业基金	境外投资保险	

第6章　结论和展望

6.1　主要研究结论

中国企业的国际化进程大大晚于西方发达国家的企业，跨境并购是中国企业快速进行全球化的重要手段。长期以来，学术界对制度距离如何影响企业跨境并购绩效争论不断，至今尚无一致结论。本书在传统制度理论基础上引入企业知识理论，详细剖析了制度距离对跨境并购具有的消极作用（合法性缺失、信息不对称）和积极作用（制度套利、新知识积累），并分析了制度距离的双重作用在整个跨境并购阶段的动态性影响。进一步，本书深入分析了正式制度和非正式制度的差异，并在此基础上阐明了正式制度距离和非正式制度距离的异质性作用。以中国A股上市企业2002—2020年的跨境并购交易为样本，通过Logit回归、OLS回归及多种稳健性检验方法的实证分析，主要结论如下。

制度距离对企业跨境并购绩效有动态性影响，并且正式制度距离和非正式制度距离的影响不同。制度距离的消极作用在于造成了合法性缺失和信息不对称这两项交易成本，制度距离的积极作用在于提供了制度套利和积累新知识的机会。制度距离的积极作用需要企业的学习、研发行为参与，而消极作用则不需要，因此制度距离的积极作用要滞后于消极作用，这导致制度距离在并购前阶段主要为消极作用，积极作用尚不能发挥出来，在并购后阶段积极作用和消极作用共存。从企业学习知识的角度出发，相对于正式制度，非正式制度作为知识的规模更大、习得难度更高且私有性更强，这导致非正式制度距离的消极作用相对于正式制度距离的消极作用更加持久，非正式制度距离的积极作用要滞后于正式制度距离的积极作用。进一步，非正式制度的非强制性约束力给了企业一个选择权，企业可以将部分非正式制度延迟到长期去遵守，从而降低短期内非正式制度距离的消极作用。正式制度和非正式制度的差异造就了正式制度距离和非正式制度距离作用的异质性，具体而言，本书得出以下结论：正式制度距离和非正式制度距离对跨境并购达成表现为负向影响，对跨境并购时长表现为正向影响；正式制度距离对跨境并购后短期经营业绩表现为负向影响，对跨境并购后长期经营业绩表现为正向影响；非正式制度距离对跨境并购后短期经营业绩表现为正向影响，对跨境并购后长期经营业绩表现为负向影响。

面对制度距离，企业应树立对制度距离的全面认识，积极开发和利用制度距离的有利作用。尤其是制度套利，是企业相对容易利用的制度距离的积极作用。对于制度距离的消极作用，企业不必再被动应对，而是应根据正式制度距离和非正式制度距离在跨境并购不同阶段的影响特点，制订动态的应对策略，尤其是要善用转移策略。对政府而言，为了支持本国企业通过跨境并购进行全球扩张，应加强制度基础设施的建设。加强对主要经贸伙伴国家（地区）的制度研究及两国（地区）间制度差异的研究，并建设相应的制度服务数据库，便利企业捕获商业机会。其中，尤其要注重对非正式制度差异的研究。政府还可以通过提供咨询服务、提供政策支持，以及建立境外投资保险体系等方式，对处在跨境并购后早期的企业进行扶持，提高其抗风险能力和生存能力。

6.2 主要创新点

与前人研究相比，本书的主要创新点体现在以下两个方面。

第一，本书在制度理论基础上引入企业知识理论，分析了正式制度和非正式制度的差异，揭示了正式制度距离和非正式制度距离对企业跨境并购绩效的异质性作用。从企业学习知识的角度出发，相对于正式制度，非正式制度作为知识的规模更大、习得难度更高、私有性更强，这导致非正式制度距离对跨境并购绩效的消极作用相对于正式制度距离的消极作用更加持久，非正式制度距离的积极作用滞后于正式制度距离的积极作用。正式制度具有强制性约束力，非正式制度具有非强制性约束力，因此企业面对正式制度距离的消极作用处于被动地位，而面对非正式制度距离的消极作用有一定的主动权。本书研究的理论揭开了制度距离作用的“黑箱”，改进了现有研究将正式制度距离和非正式制度距离的作用视为同质的不足，进一步拓展了跨境并购领域的制度理论，并为制度距离作用的动态性提供了理论基础，为企业主动性、差异化应对正式制度距离和非正式制度距离的消极影响提供了理论依据。

第二，本书研究拓展了制度距离的积极作用，并构建了制度距离动态影响企业跨境并购绩效的理论。一方面，本书对制度套利的理论进行了拓展，指出制度套利的根本原理是不同的制度对同一项活动具有不同的支持力度，因此同一项活动在一些制度中可以获利或成为竞争优势，在另一些制度中却不能。另一方面，本书提出了制度距离的一个新的积极作用，即提供积累新知识的机会。进而，本书提出了制度距离的积极作用和消极作用同时存在、相互组合、此消彼长的观点，并指出制度距离的积极作用滞后于消极作用，结合正式制度距离和非正式制度距离作用的异质性，构建了制度距离动态影响企业跨境并购绩效的理论。以往研究的静态观点认为制度距离的作用在跨境并购各阶段一成不变,本书的理论建立了对制度距离作用的动态认识,为制度距离影响跨境并购提供了一个逻辑统一的框架,有望消除现有研究结论相互冲突的问题,并启发企业设定动态策略应对制度距离的复杂影响。

6.3 局限性和展望

尽管本书研究达到了预期的研究目标,并且取得了一定的研究成果,但是受到一些主客观因素的限制和影响,仍然存在一些局限性。

第一,制度距离的度量还可以进一步完善。本书将制度定义为规则,将国家(地区)制度定义为一个国家(地区)的社会拥有的所有规则的总和,将制度距离定义为规则体系之间的差异。本书使用的制度距离的度量 WGI 指数和 Hofstede 指数已经是现有指标中具有较多维度的度量指标,但是仍然有两个不足,一是无法涵盖一个国家(地区)的社会拥有的所有规则,二是无法体现出制度体系之间的质性差异。所谓质性差异指的是一个制度体系中有关于某项活动的规则,而另一个制度体系中没有。与此相对的是量性差异,量性差异指的是两个制度体系中有关于同一项活动的规则,只是规则对活动的约束程度不同。本书使用的 WGI 指数和 Hofstede 指数都是在进行量性差异度量。现有的指标条件限制了目前的度量宽度和深度,对于第一个不足,只有等待指标进一步发展,第二个不足则指示了一个具有巨大潜力的研究方向。长期以来,制度距离领域的研究都是在关注国家(地区)间的量性制度差异,因为量性差异显然更容易度量和计算。对于质性制度差异,本书设想应该针对某一项具体的制度规则来进行研究,而不是观察整个制度体系的差异。如此看来,制度体系之间的质性差异的经济后果是内容丰富的一个新的研究方向。

第二,跨境并购后阶段绩效的观察窗口还可以进一步扩大。本书将跨境并购后阶段绩效的观察窗口设定为四年,这是受限于现有样本条件的结果。如果观察更长的时间窗口,那么样本的筛选规则中剔除干扰交易的时间窗口也会相应延长,如此一来符合条件的观测数量将会大大减少,这非常不利于实证分析。中国企业的国际化进程起步较晚,从现有数据来看,2007年以后中国企业的跨境并购活动才有了较为快速的增长,但是跨境并购的总量依然较少,因此现有的样本条件难以支持更长的时间窗口。未来的研究在样本条件改善后可以进一步观察更长时间窗口的跨境并购后绩效。观察更长时间窗口的跨境并购后绩效有其研究意义。进一步延伸本书的理论分析,有一种推测是,在跨境并购后经过足够长的时间,正式制度距离和非正式制度距离最终都会表现为正向影响,不过有些学者认为制度距离的积极作用有边际递减的特性[266],因此制度距离在并购后更长时期的作用表现仍需进一步研究确定,对此进行进一步研究可以继续发展制度理论。

第三,计量方面,模型未控制目标公司特征的影响。受限于数据可得性,本书的回归模型中未控制目标公司的公司特征,未来的研究在条件合适的情况下,可以进一步探索目标公司特征的影响。

6.4 本章小结

本章总结了本书的主要结论,并介绍了主要创新点。本书的主要创新之处有:在制度理论基础上引入企业知识理论,分析了正式制度和非正式制度的差异,揭示了正式制度距离和非正式制度距离对企业跨境并购绩效的异质性作用;拓展了制度距离的积极作用,并构建了制度距离动态影响企业跨境并购绩效的理论。受限于目前的研究条件,本研究还存在一些局限性:制度距离的度量还可以进一步完善;跨境并购后阶段绩效的观察窗口还可以进一步扩大;模型未控制目标公司特征的影响。未来的研究在条件合适的情况下,可以进一步完善这些问题。

关键术语

质性差异　　量性差异　　观察窗口

目标公司特征

参考文献

[1]MOROSINI P,SINGH H. Post-cross-border acquisitions: Implementing "national culture-compatible" strategies to improve performance[J]. European Management Journal,1994(4):390－400.

[2]DONG L,LI X,MCDONALD F,et al. Distance and the completion of Chinese cross-border mergers and acquisitions[J]. Baltic Journal of Management,2019,14(3):500－519.

[3]LIOU R,RAO-NICHOLSON R. Out of Africa:The role of institutional distance and host-home colonial tie in South African Firms' post-acquisition performance in developed economies[J]. International Business Review,2017,26(6):1184－1195.

[4]杜晓君,蔡灵莎,史艳华．外来者劣势与国际并购绩效研究[J].管理科学,2014(02):48－59.

[5]JIN-YOUNG J,WANG W,SUNG-WOO C. The Role of Confucius Institutes and One Belt,One Road Initiatives on the Values of Cross-Border M&A:Empirical Evidence from China[J]. Sustainability,2020,12(24):10277.

[6]DIKOVA D,SAHIB P R,VAN WITTELOOSTUIJN A. Cross-border acquisition abandonment and completion:The effect of institutional differences and organizational learning in the international business service industry,1981—2001[J]. Journal of International Business Studies,2010,41(2):223－245.

[7]李秀娥,卢进勇．中国企业跨境并购效率影响因素实证研究:基于

制度视角[J]. 世界经济研究,2013(5):67－73＋89.

[8]CHAND A,JIANG R,ZHAO Z. National cultural distance and cross-border M&A[J]. Asia-Pacific Journal of Accounting & Economics,2021,30(8):1－18.

[9]贺灿飞,李振发,陈航航. 区域一体化与制度距离作用下的中国企业跨境并购[J]. 地理科学进展,2019,38(10):1501－1513.

[10]孙淑伟,何贤杰,王晨. 文化距离与中国企业海外并购价值创造[J]. 财贸经济,2018,39(6):130－146.

[11]刘勰,李元旭. 我国企业跨国并购绩效影响因素的研究[J]. 国际商务(对外经济贸易大学学报),2016(3):65－73.

[12]武天兰,范黎波. 正式制度距离、结构整合与跨境并购绩效[J]. 统计与决策,2020,36(12):160－165.

[13]冯正强,荆梦. 多维距离对我国矿产资源企业跨国并购成败的影响:地理、经济、制度与文化[J]. 产经评论,2021,12(1):148－160.

[14]李元旭,刘勰. 制度距离与我国企业跨国并购交易成败研究[J]. 财经问题研究,2016(3):94－103.

[15]PRASADH S,THENMOZHI M,HU M. Does economic freedom distance affect long-run post-acquisition performance and ownership level in cross-border acquisitions? [J]. Declsion,2020,47(2):191－213.

[16]武天兰,范黎波. 中国上市企业跨国并购交易持续时间研究:资源与制度视角[J]. 中国软科学,2020(2):120－128.

[17]FERREIRA MANUEL P,BORINI F,VICENTE S,et al. The pre-acquisition process: The temporal hiatus between the announcement and completion in foreign acquisitions in Brazil[J]. International Journal of Emerging Markets,2017,12(2):400－414.

[18]孔德议. 知识转移与跨国并购绩效:基于文化和留任的调节效应[J]. 亚太经济,2017(2):121-127.

[19]MOROSINI P,SCOTT S,SINGH H. National cultural distance and cross-border acquisition performance[J]. Journal of International Business Studies,1998,29(1):137-158.

[20]KOSTOVA T. Success of the transnational transfer of organizational practices within multinational companies[Z]. Ann Arbor: University of Minnesota,1996:278.

[21]NORTH D C. Institutions,Institutional Change and Economic Performance[M]. Cambridge:Cambridge University Press,1990.

[22]SCOTT W R. Institutions and organizations[M]. London: A Sage Publication Series,1995.

[23]PENG M W. Global Strategy[M]. Mason: CENGAGE Learning,2008.

[24]MESCHI P, METAIS E. International acquisition performance and experience: A resource-based view. Evidence from French acquisitions in the United States (1988—2004)[J]. Journal of International Management,2006,12(4):430-448.

[25]陈超,甘露润. 银行风险管理、贷款信息披露与并购宣告市场反应[J]. 金融研究,2013(1):92-106.

[26]危平,唐慧泉. 跨国并购的财富效应及其影响因素研究:基于双重差分方法的分析[J]. 国际贸易问题,2016(11):120-131.

[27]FRANCIS B B,HASAN I,SUN X,et al. Can firms learn by observing? Evidence from cross-border M&As[J]. Journal of Corporate Finance,2014,25:202-215.

[28]朱勤,刘垚. 我国上市公司跨国并购财务绩效的影响因素分析[J]. 国际贸易问题,2013(8):151-160.

[29]赵君丽，童非．并购经验、企业性质与海外并购的外来者劣势[J]. 世界经济研究，2020(2)：71－82.

[30]叶会，李善民．企业并购理论综述[J]. 广东金融学院学报，2008(1)：115－128.

[31] VASILAKI A. Culture distance and cross-border acquisition performance：The moderating effect of transformational leadership[J]. European Journal of International Management，2011，5(4)：394－412.

[32]倪中新，花静云，武凯文．我国企业的“走出去”战略成功吗？：中国企业跨国并购绩效的测度及其影响因素的实证研究[J]. 国际贸易问题，2014(8)：156－166.

[33]乔璐，赵广庆，吴剑峰．距离产生美感还是隔阂？国家间距离与跨国并购绩效的元分析[J]. 外国经济与管理，2020，42(12)：119－133.

[34]CHEN Z，HAN B，ZENG Y. Financial Hedging and Firm Performance：Evidence from Cross-border Mergers and Acquisitions[J]. European Financial Management，2017，23(3)：415－458.

[35]贾镜渝，孟妍．经验学习、制度质量与国有企业海外并购[J]. 南开管理评论，2022(3)：49－61.

[36]阎海峰，王墨林，苏聪．知识产权制度距离对中国企业跨国技术并购的影响分析[J]. 中国科技论坛，2021(3)：123－132.

[37]ZHANG J，ZHOU C，EBBERS H. Completion of Chinese overseas acquisitions：Institutional perspectives and evidence[J]. International Business Review，2011，20(2)：226－238.

[38]ATTAH-BOAKYE R，GUNEY Y，HERNANDEZ-PERDOMO E，et al. Why do some merger and acquisitions deals fail? A global perspective[J]. International Journal of Finance & Econom-

ics,2021,26(3):4734－4776.

[39]ERMOLAEVA L. M&A deals completion and abandonment by Russian MNE[J]. International Journal of Emerging Markets, 2019,14(3):475－494.

[40]陈岩,郭文博. 制度风险与跨国并购成败:大国外交和经济"软实力"的调节作用[J]. 世界经济研究,2018(5):51－64.

[41]HE X,ZHANG J. Emerging market MNCs' cross-border acquisition completion:Institutional image and strategies[J]. Journal of Business Research,2018,93:139－150.

[42]朱华. 外来者劣势、组织学习与中国企业跨国并购意图的实现[J]. 科研管理,2018,39(8):80－90.

[43]孙文莉,谢丹,李莉文. 宏观风险对中国企业海外并购成功率的影响研究[J]. 经济学动态,2016(11):79－89.

[44]张建红,周朝鸿. 中国企业走出去的制度障碍研究:以海外收购为例[J]. 经济研究,2010,45(6):80－91.

[45]温日光. 风险观念、并购溢价与并购完成率[J]. 金融研究,2015(8):191－206.

[46]左志刚,杨帆. 东道国(地区)文化特质与跨国并购失败风险:基于中国企业海外并购样本的实证研究[J]. 外国经济与管理,2021,43(1):58－72.

[47]LI Y,SAI Q. The effects of language and religion on cross-border acquisition completion[J]. Research in International Business and Finance,2020,54:101294.

[48]LIU M,SU C,WANG F,et al. Chinese cross-border M&As in the "One Belt One Road" countries:The impact of confucius institutes[J]. China Economic Review,2020,61:101432.

[49]OUYANG S,LI Y. Confucius Institute and the Completion of

Chinese Cross-Border Acquisitions[J]. Sustainability, 2019, 11(18): 5088.

[50]曹清峰,李宏,董朋飞. 关税壁垒降低了中国企业海外并购成功率吗?[J]. 世界经济与政治论坛,2019(2):129-148.

[51]曹清峰,董朋飞,李宏. 关税壁垒的“筛选效应”与企业海外并购成功率[J]. 国际贸易问题,2019(10):163-174.

[52]KIM Y,SU L N,ZHOU G S,et al. PCAOB international inspections and merger and Acquisition outcomes[J]. Journal of Accounting & Economics,2020,70(1):101318.

[53]钟宁桦,温日光,刘学悦. “五年规划”与中国企业跨境并购[J]. 经济研究,2019,54(4):149-164.

[54]程聪,刘凤婷,池仁勇,等. 产业国际分工与企业跨国并购:并购战略决策的视角[J]. 管理评论,2016,28(12):92-100.

[55]LIM M,LEE J. National economic disparity and cross—border acquisition resolution[J]. International Business Review,2017,26(2):354-364.

[56]贾镜渝,李文,郭斌. 经验是如何影响中国企业跨国并购成败的:基于地理距离与政府角色的视角[J]. 国际贸易问题,2015(10):87-97.

[57]贾镜渝,李文. 距离、战略动机与中国企业跨国并购成败:基于制度和跳板理论[J]. 南开管理评论,2016(6):122-132.

[58]ZHANG J,HE X. Economic nationalism and foreign acquisition completion: The case of China[J]. International Business Review,2014,23(1):212-227.

[59]李诗,吴超鹏. 中国企业跨国并购成败影响因素实证研究:基于政治和文化视角[J]. 南开管理评论,2016,19(3):18-30.

[60]刘敏,朱亚鹏,辜良烈. 双边政治关系与中国企业跨国并购成功率:

基于联合国大会投票数据的研究[J]. 南方经济,2020(7):18-38.

[61]尹达,綦建红. 经济政策不确定性与企业跨境并购:影响与讨论[J]. 世界经济研究,2020(12):105-117.

[62]FUAD M,GAUR A S. Merger waves,entry-timing,and cross-border acquisition completion:A frictional lens perspective[J]. Journal of World Business,2019,54(2):107-118.

[63]李亚波. "一带一路"背景下企业所有制身份对海外并购的影响[J]. 企业经济,2018,37(11):13-22.

[64]杨波,张佳琦,吴晨. 企业所有制能否影响中国企业海外并购的成败[J]. 国际贸易问题,2016(7):97-108.

[65]ZHANG Z,XIE X,QIAN T. Why do half of the cross-border M&As conducted by Chinese MNCs fail? Government affiliation and cross-border M&A completion[J]. European Journal of International Management,2021,15(1):79-111.

[66]LI J,LI P,WANG B. The liability of opaqueness:State ownership and the likelihood of deal completion in international acquisitions by Chinese firms[J]. Strategic Management Journal,2019,40(2):303.

[67]LI J,XIA J,LIN Z. Cross-border acquisitions by state-owned firms:How do legitimacy concerns affect the completion and duration of their acquisitions?[J]. Strategic Management Journal,2017,38(9):1915-1934.

[68]陈航,李东红,陈东. 资源还是负担?国有资本参股对跨境并购的影响分析[J]. 南方经济,2021(5):14-33.

[69]朱华. 国有制身份对中国企业海外竞购交易成败的影响研究[J]. 世界经济研究,2017(3):42-55.

[70]CHEN V Z,MUSACCHIO A,LI S. A Principals-Principals Per-

spective of Hybrid Leviathans: Cross-Border Acquisitions by State-Owned MNEs[J]. Journal of Management, 2019, 45(7): 2751 - 2778.

[71]阎大颖. 制度距离、国际经验与中国企业海外并购的成败问题研究[J]. 南开经济研究, 2011(5): 75 - 97.

[72]贾镜渝, 李文. 经验与中国企业跨国并购成败: 基于非相关经验与政府因素的调节作用[J]. 世界经济研究, 2015(8): 48 - 58.

[73]范黎波, 马聪聪, 周英超. 中国企业跨国并购学习效应的实证研究: 经验学习和替代学习的视角[J]. 财贸经济, 2016(10): 102 - 116.

[74]邓秀媛, 傅超, 傅代国. 企业社会责任对海外并购影响的实证研究[J]. 中国软科学, 2018(1): 110 - 126.

[75]HAWN O. How media coverage of corporate social responsibility and irresponsibility influences cross-border acquisitions[J]. Strateglc Management Journal, 2021, 42(1): 58 - 83.

[76]ZHOU J, LAN W, TANG Y. The value of institutional shareholders Evidence from cross-border acquisitions by Chinese listed firms[J]. Management Declslon, 2016(1): 44 - 65.

[77]FAELTEN A, GIETZMANN M, VITKOVA V. Learning from your investors: can the geographical composition of institutional investors affect the chance of success in international M&A deals? [J]. Journal of Management & Governance, 2015, 19(1): 47 - 69.

[78]SCHWEIZER D, WALKER T, ZHANG A. Cross-border acquisitions by Chinese enterprises: The benefits and disadvantages of political connections[J]. Journal of Corporate Finance, 2019, 57: 63 - 85.

[79]WAQAR W T. Board size and acquisition outcome:The moderating role of home country formal institutional development[J]. Managerial and Decision Economics,2020,41(4):529 - 541.

[80]XU X,WANG F,CHEN X,et al. Does managerial ability matter for cross-border M&As:Evidence from Chinese listed firms[J]. Journal of Asian Economics,2021,74(1):101302.

[81]卞金鑫,吴青．交叉上市、跨国并购成败与并购绩效:来自A股市场的证据[J]. 山西财经大学学报,2016,38(6):53 - 63.

[82]张璋．会计稳健性与公司跨境并购成败研究[J]. 财会通讯,2021(15):45 - 49.

[83]HSU J,THUY L C. The Antecedents of Likelihood to Completion of Cross-Border M&As:An Empirical Analysis of ASEAN Countries[J]. Emerging Markets Finance and Trade,2021,57(10):2888 - 2906.

[84]董莉军．中国企业跨国并购交易完成率决定因素分析[J]. 国际商务研究,2017,38(3):87 - 96.

[85]张建红,卫新江,艾伯斯．决定中国企业海外收购成败的因素分析[J]. 管理世界,2010(3):97 - 107.

[86]李诗,黄世忠,吴超鹏．中国企业并购敏感性海外资产的经验研究[J]. 世界经济,2017,40(3):99 - 121.

[87]ZHU P,JOG V,OTCHERE I. Idiosyncratic volatility and mergers and acquisitions in emerging markets[J]. Emerging Markets Review,2014,19:18 - 48.

[88]LIM M,LEE J. The effects of industry relatedness and takeover motives on cross-border acquisition completion[J]. Journal of Business Research,2016,69(11):4787 - 4792.

[89]范黎波,武天兰,翟正男．资源相关性与企业并购成败的关系:以

中国制造业企业为例[J]. 技术经济,2018,37(5):71-80.

[90]HUANG P,OFFICER M S,POWELL R. Method of payment and risk mitigation in cross-border mergers and acquisitions[J]. Journal of Corporate Finance,2016,40:216-234.

[91]ARENA M P,DEWALLY M. Investment bank expertise in cross-border mergers and acquisitions[J]. Journal of Financial Research,2017,40(1):81-112.

[92]BESSLER W,SCHNECK C,ZIMMERMANN J. Bidder contests in international mergers and acquisitions: The impact of toeholds, preemptive bidding, and termination fees[J]. International Review of Financial Analysis,2015,42:4-23.

[93]MOSCHIERI C,MANUEL CAMPA J. New trends in mergers and acquisitions: Idiosyncrasies of the European market[J]. Journal of Business Research,2014,67(7):1478-1485.

[94]SONG W,WEI J,ZHOU L. The value of "boutique" financial advisors in mergers and acquisitions[J]. Journal of Corporate Finance,2013,20:94-114.

[95]CHAHINE S,HASAN I,MAZBOUDI M. The role of auditors in merger and acquisition completion time[J]. International Journal of Auditing,2018,22(3):568-582.

[96]李进龙,吕巍,郭冰. 制度约束、国家文化差异与企业跨国并购绩效:文化差异的竞争性中介作用[J]. 上海管理科学,2012(4):12-16.

[97]GUBBI S R,AULAKH P S,RAY S,et al. Do international acquisitions by emerging-economy firms create shareholder value? The case of Indian firms[J]. Journal of International Business Studies,2010,41(3):397-418.

[98]BHAGAT S,MALHOTRA S,ZHU P. Emerging country cross-

border acquisitions: Characteristics, acquirer returns and cross-sectional determinants[J]. Emerging Markets Review, 2011, 12(3):250-271.

[99]YEN T, CHOU S, ANDRE P. Operating Performance of Emerging Market Acquirers: Corporate Governance Issues[J]. Emerging Markets Finance and Trade, 2013, 493:5-19.

[100]胡杰武，韩丽．东道国（地区）国家风险对我国上市公司跨国并购绩效的影响[J]．外国经济与管理，2017，39(9)：113-128.

[101]兰洁，林爱杰．双循环背景下东道国（地区）国家风险对我国企业海外并购绩效的影响[J]．重庆大学学报（社会科学版），2021，27(3)：228-244.

[102]TAO F, LIU X, GAO L, et al. Do cross-border mergers and acquisitions increase short-term market performance? The case of Chinese firms[J]. International Business Review, 2017, 26(1): 189-202.

[103]LI C, SHENKAR O, NEWBURRY W E, et al. How Country Reputation Differentials Influence Market Reaction to International Acquisitions[J]. Journal of Management Studies, 2021, 58(6):1609-1639.

[104] FEITO-RUIZ I, MEN NDEZ - REQUEJO S. Cross-border Mergers and Acquisitions in different legal environments[J]. International Review of Law and Economics, 2011, 31(3):169-187.

[105] AYBAR B L, THANAKIJSOMBAT T. Financing decisions and gains from cross-border acquisitions by emerging-market acquirers[J]. Emerging Markets Review, 2015(24):69-80.

[106]LIU K, WU S, GUO N. Governmental governance of host

countries and cross-border merger and acquisition performance: Evidence from listed enterprises in China[J]. PloS one, 2021,16(8):e256494.

[107]凌筱婷. 东道国(地区)民众好感度影响中国企业海外并购的绩效吗?[J]. 投资研究,2020,39(9):82-96.

[108]ZHU H,ZHU Q,DING Z. The Roles of Chinese CEOs in Managing Individualistic Cultures in Cross-border Mergers and Acquisitions[J]. Journal of Management Studies,2020,57(3):664-697.

[109]唐建新,王珏玮. 投资者保护、企业性质与海外并购收益的实证[J]. 统计与决策,2016(6):174-178.

[110]HAGENDORFF J,COLLINS M,KEASEY K. Investor protection and the value effects of bank merger announcements in Europe and the US[J]. Journal of Banking & Finance,2008,32(7):1333.

[111]BARBOPOULOS L,PAUDYAL K,PESCETTO G. Legal systems and gains from cross-border acquisitions[J]. Journal of Business Research,2012,65(9):1301-1312.

[112]JOHN K,FREUND S,NGUYEN D,et al. Investor protection and cross-border acquisitions of private and public targets[J]. Journal of Corporate Finance,2010,16(3):259-275.

[113]ZHU H,QIAN G. High-tech firms' international acquisition performance: The influence of host country property rights protection[J]. International Business Review,2015,24(4):556-566.

[114]LEVINE R,LIN C,SHEN B. Cross-border acquisitions: Do labor regulations affect acquirer returns?[J]. Journal of International Business Studies,2020,51(2):194-217.

[115]ALIMOV A. Labor market regulations and cross-border mergers and acquisitions[J]. Journal of International Business Studies,2015,46(8):984－1009.

[116]HAN S H,JO E J,KIM D,et al. Trade Networks and Cross-Border Acquisitions: Evidence from United States Acquiring Firms[J]. Asia-Pacific Journal of Financial Studies,2016,45(6):916－943.

[117]FRANCIS B B,HASAN I,SUN X. Financial market integration and the value of global diversification:Evidence for US acquirers in cross-border mergers and acquisitions[J]. Journal of Banking & Finance,2008,32(8):1522－1540.

[118] NOORDIN B A A, KAMARUDIN F, ANWAR N A M. Wealth Effect and Macroeconomics Factors of a Firm's International Merger and Acquisition Exercise: Empirical Evidence from Multinational Firms[J]. Inzinerine Ekonomika-engineering Economics,2015,26(5):469－477.

[119]NICHOLSON R R,SALABER J. The motives and performance of cross-border acquirers from emerging economies:Comparison between Chinese and Indian firms[J]. International Business Review,2013,22(6):963－980.

[120]LAN S,YANG F,ZHU H,et al. The long-term performance of cross-border mergers and acquisitions[J]. Chinese Management Studies,2015(3):385－400.

[121]张艾莲,封军丽,刘柏. 文化和制度距离、跨国并购与“一带一路”投资[J]. 云南财经大学学报,2018,34(6):38－47.

[122]胡杰武,韩丽. 宏观经济因素与跨国并购股东财富效应[J]. 北京交通大学学报(社会科学版),2015(1):60－69.

[123]阎大颖．国际经验、文化距离与中国企业海外并购的经营绩效[J]. 经济评论,2009(1):83-92.

[124]吴先明,纪玉惠．决定中国企业海外并购绩效的因素分析[J]. 科学决策,2016(10):1-19.

[125]阎大颖．制度约束与中国企业跨国并购的经营绩效[J]. 山西财经大学学报,2009(1):63-70.

[126]周永红,刘开军,刘会芳．我国高技术企业跨国并购绩效影响因素研究[J]. 工业技术经济,2017,36(10):131-137.

[127]LIN X,LI Y,WAN X,et al. Market reaction to the international acquisitions by Chinese firms The role of potential intelligence sourcing and preannouncement[J]. Chinese Management Studies,2020,14(4):915-934.

[128]WU X,YANG X,YANG H,et al. Cross-border mergers and acquisitions by Chinese firms: value creation or value destruction? [J]. Journal of Contemporary China,2016,25(97):130-145.

[129]张学超,宣国良．汇率风险与跨国并购价值效应研究[J]. 世界经济研究,2006(1):23-28.

[130]顾露露,ROBERT R. 中国企业海外并购失败了吗？[J]. 经济研究,2011(7):116-129.

[131]LIU H,LI Y,YANG R,et al. How Do Chinese Firms Perform Before and After Cross-Border Mergers and Acquisitions? [J]. Emerging Markets Finance and Trade,2021,57(2):348-364.

[132]万哨凯．基于汇率改革的上市公司跨国并购绩效影响实证研究[J]. 财会通讯,2017(2):52-56.

[133]MOEINI GHARAGOZLOO M M,NAIR A,CHEN C. The effect of the digital readiness of economies on international

M&A performance[J]. Journal of Enterprise Information Management,2021,34(6):1821－1843.

[134]闵剑,刘忆. 全球价值链、融资约束与跨国并购绩效:来自中国制造业企业的证据[J]. 国际贸易问题,2019(3):71－84.

[135]BASU N,CHEVRIER M. Distance,information asymmetry, and mergers:evidence from Canadian firms[J]. Managerial Finance,2011,37(1):21－33.

[136]PEREIRA V,TEMOURI Y,BUDHWAR P,et al. Cross-border acquisition performance of emerging market multinational enterprises:The moderating role of state-ownership and acquisition experience [J]. Long Range Planning, 2021, 54(6):102107.

[137]潘昆,马晓迪,沈敏. 制度理论和跳板理论下企业跨国并购的绩效研究:基于企业所有权的调节作用[J]. 湖北社会科学,2020(3):81－92.

[138]HASIJA D,LIOU R,ELLSTRAND A. Navigating the New Normal:Political Affinity and Multinationals' Post-Acquisition Performance[J]. Journal of Management Studies,2020,57(3):569－596.

[139]LI C,ARIKAN I,SHENKAR O,et al. The impact of country-dyadic military conflicts on market reaction to cross-border acquisitions[J]. Journal of International Business Studies,2020,51(3):299－325.

[140]LIN P,LIN B,LIN M,et al. Empirical Study of Factors Influencing Performance of Chinese Enterprises in Overseas Mergers and Acquisitions in Context of Belt and Road Initiative-A Perspective Based on Political Connections[J]. Emerging Mar-

kets Finance and Trade,2020,56(7):1564－1580.

[141]周芮帆,洪祥骏. 双循环背景下“一带一路”沿线国家投资的协同效应[J]. 财经科学,2021(7):107－119.

[142]徐晓慧,李杰. 金融危机、政府干预与企业跨国并购绩效[J]. 国际贸易问题,2016(6):167－176.

[143]邵新建,巫和懋,肖立晟,等. 中国企业跨国并购的战略目标与经营绩效:基于A股市场的评价[J]. 世界经济,2012(5):81－105.

[144]陆瑶,闫聪,朱玉杰. 对外跨国并购能否为中国企业创造价值?[J]. 清华大学学报(自然科学版),2011(8):1145－1154.

[145]DU M,BOATENG A,NEWTON D. The impact of state ownership,formal institutions and resource seeking on acquirers' returns of Chinese M&A[J]. Review of Quantitative Finance and Accounting,2016,47(1):159－178.

[146]TU W,ZHENG X,LI L,et al. Do Chinese firms benefit from government ownership following cross-border acquisitions?[J]. International Business Review,2021,30(3):101812.

[147]陈泽,侯俊东,肖人彬. 我国企业海外并购价值创造决定因素实证研究[J]. 中国科技论坛,2012(12):62－68.

[148]CHEN Y Y,YOUNG M N. Cross-border mergers and acquisitions by Chinese listed companies: A principal-principal perspective[J]. Asia Pacific Journal of Management, 2010, 27(3SI):523－539.

[149]JORY S R,NGO T N. Cross-border acquisitions of state-owned enterprises[J]. Journal of International Business Studies,2014(9):1096－1114.

[150]吴建祖,陈丽玲. 高管团队并购经验与企业海外并购绩效:高管团

队薪酬差距的调节作用[J]. 管理工程学报,2017,31(4):8-14.

[151]ZHU P. Persistent performance and interaction effects in sequential cross-border mergers and acquisitions[J]. Journal of Multinational Financial Management,2011,21(1):18-39.

[152]KANG L,PENG F,ANWAR S. Cultural heterogeneity,acquisition experience and the performance of Chinese cross-border acquisitions[J]. Journal of the Asia Pacific Economy,2021,28(2):1-28.

[153]BORTOLUZZO A B,DE SIQUEIRA GARCIA M P,BOEHE D M,et al. Performance in cross-border mergers and acquisitions:an empirical analysis of the Brazilian case[J]. RAE-revista de Administracao de Empresas,2014,54(6):659-671.

[154]BASUIL D A,DATTA D K. Effects of Industry-and Region-Specific Acquisition Experience on Value Creation in Cross-Border Acquisitions:The Moderating Role of Cultural Similarity[J]. The Journal of Management Studies,2015,52(6):766-795.

[155]YANG L,ZHANG J. Political Connections,Government Intervention and Acquirer Performance in Cross-border Mergers and Acquisitions:an Empirical Analysis Based on Chinese Acquirers[J]. World Economy,2015,38(10):1505-1525.

[156]赵奇伟,吴双．企业政治关联、不透明度与跨国并购绩效:基于投资者视角的微观证据[J]. 国际贸易问题,2019(3):26-40.

[157]齐朝顺,杜晓君．政治关联对中国企业国际并购绩效影响研究[J]. 当代财经,2018(1):68-77.

[158]闫雪琴,孙晓杰．企业政治关联与跨国并购绩效:基于中国并购方数据[J]. 经济与管理研究,2016,37(1):119-127.

[159]ZHANG W, MAUCK N. Government-affiliation, bilateral political relations and cross-border mergers: Evidence from China [J]. Pacific-Basin Finance Journal, 2018, 51: 220 - 250.

[160]刘烨，于涛，曲怡霏．我国 CEO 人力资本、激励机制与跨国并购绩效：来自沪深股市的经验数据(2010—2015)[J]. 产业经济评论，2017(3)：95 - 110.

[161]周中胜，贺超，韩燕兰．高管海外经历与企业并购绩效：基于“海归”高管跨文化整合优势的视角[J]. 会计研究，2020(8)：64 - 76.

[162]王爱群，闫盼盼，赵东．海归董事对企业跨境并购绩效的影响研究[J]. 经济经纬，2021，38(2)：102 - 111.

[163]DING H, HU Y, LI C, et al. CEO country-specific experience and cross-border mergers and acquisitions[J]. Journal of Corporate Finance, 2021, 69: 102039.

[164]刘柏，梁超．董事会过度自信与企业国际并购绩效[J]. 经济管理，2017，39(12)：73 - 88.

[165]BASUIL D A, DATTA D K. Value creation in cross-border acquisitions: The role of outside directors' human and social capital[J]. Journal of Business Research, 2017, 80: 35 - 44.

[166]CHEN L, LAI J. The relationship between interlocking directorate and stock market reaction to international merger and acquisition announcements: the moderating effect of cultural distance[J]. European Journal of International Management, 2015 (3): 342 - 367.

[167]DATTA D K, BASUIL D A, AGARWAL A. Effects of board characteristics on post-acquisition performance: A study of cross-border acquisitions by firms in the manufacturing sector [J]. International Business Review, 2022(13): 202 - 220.

[168]王治皓,廖科智,齐岳. 内部控制、机构投资者与上市公司海外并购绩效[J]. 华东经济管理,2020,34(10):120-128.
[169]杨棉之,孙超. 企业内部控制、政治风险与跨国并购绩效:基于SEM的实证分析[J]. 科学决策,2014(4):1-15.
[170]徐晓慧,李杰,黄先海. 企业内部治理对跨国并购绩效的影响:基于不同制度环境的研究[J]. 国际贸易问题,2019(3):14-25.
[171]FAELTEN A,GIETZMANN M,VITKOVA V. Naked M&A Transactions:How the Lack of Local Expertise in Cross-Border Deals Can Negatively Affect Acquirer Performance and How Informed Institutional Investors can Mitigate This Effect[J]. Journal of Business Finance & Accounting,2014,41(3/4):469-506.
[172]NING L Y,KUO J,STRANGE R,et al. International investors reactions to cross-border acquisitions by emerging market multinationals[J]. International Business Review,2014,23(4):811-823.
[173]关伯明,邓荣霖,彭华伟. 公司股权结构对海外并购绩效的影响研究[J]. 现代管理科学,2015(9):21-23.
[174]卢刚. 中国上市公司海外并购绩效研究及其对银行业的启示[J]. 投资研究,2014,33(6):68-78.
[175]LIOU R,RAO-NICHOLSON R. Age Matters:The Contingency of Economic Distance and Economic Freedom in Emerging Market Firm's Cross-Border M&A Performance[J]. Management International Review,2019,59(3):355-386.
[176]NARAYAN P C,THENMOZHI M. Do cross-border acquisitions involving emerging market firms create value[J]. Man-

agement Decision,2014,52(8):1451 - 1473.

[177]杨波,万筱雯. 市场势力视角下企业海外并购股票市场收益研究[J]. 系统工程理论与实践,2021,41(6):1383 - 1396.

[178]肖慧敏,周红霞. 二元研发、关系嵌入与海外并购绩效[J]. 经济体制改革,2018(6):103 - 108.

[179]朱勤,刘垚. 创业导向是否有助于提升跨国并购绩效[J]. 国际商务(对外经济贸易大学学报),2014(3):91 - 101.

[180]周婷婷,王舒婷. 财务共享、丝路联结与“一带一路”跨国并购绩效[J]. 南京审计大学学报,2021,18(3):102 - 111.

[181]赵息,褚洪辉,陈妍庆. 会计稳健性、产权性质与跨国并购价值创造效应:基于上层梯队理论视角[J]. 经济体制改革,2017(4):109 - 116.

[182]AYBAR B L,FICICI A. Cross-border acquisitions and firm value:An analysis of emerging-market multinationals[J]. Journal of International Business Studies,2009,40(8):1317 - 1338.

[183]HSU J,YANG T,TSAI Y. The long-run performance of cross-border acquirers:An analysis of synergy sources[J]. Journal of Multinational Financial Management,2021,60:100694.

[184]余珮,李珉迪. 跨国并购战略性新兴企业的绩效研究:基于资源基础观与制度基础相结合的视角[J]. 财经科学,2019(12):78 - 92.

[185]林季红,刘莹. 中国企业海外并购绩效研究:以并购整合为视角[J]. 厦门大学学报(哲学社会科学版),2013(6):115 - 124.

[186]YOON H D, LEE J J. Technology-acquiring cross-border M&As by emerging market firms:role of bilateral trade openness[J]. Technology Analysis & Strategic Management,2016,28(3):251 - 265.

[187]BLACK E L,CARNES T A,JANDIK T,et al. The Relevance of Target Accounting Quality to the Long-Term Success of Cross-Border Mergers[J]. Journal of Business Finance & Accounting,2007,34(1/2):139－168.

[188]胡杰武,韩丽. 我国上市公司跨国并购的财富效应及影响因素[J]. 国际商务(对外经济贸易大学学报),2016(1):150－160.

[189]BEDNARCZYK T P,SCHIERECK D,WALTER H N. Cross-border acquisitions and shareholder wealth:Evidence from the energy and industry in Central and Eastern Europe[J]. Journal for East European Management Studies,2010,15(2):106－127.

[190]AHAMMAD M F,GLAISTER K W. Post-acquisition Management and Performance of Cross-Border Acquisitions[J]. International Studies of Management & Organization, 2011, 41(3):59.

[191]BAUER F,MATZLER K. Antecedents of M & A success:the role of strategic complementarity,cultural fit,and degree and speed of integration[J]. Strategic Management Journal,2014,35(2):269－291.

[192]ZHU H,XIA J,MAKINO S. How do high-technology firms create value in international M&A? Integration,autonomy and cross-border contingencies[J]. Journal of World Business,2015,50(4):718－728.

[193]AHAMMAD M F,TARBA S Y,LIU Y,et al. Knowledge transfer and cross-border acquisition performance:The impact of cultural distance and employee retention[J]. International Business Review,2016(1SIA):66－75.

[194]ZAHEER A,HERNANDEZ E,BANERJEE S. Prior Alliances

with Targets and Acquisition Performance in Knowledge-Intensive Industries[J]. Organization Science, 2010, 21(5): 1072 - 1091+1121 - 1123.

[195]茹玉骢,曾辉．民营企业跨国并购绩效及其决定因素:基于2006—2015中国上市企业样本的研究[J]. 浙江学刊,2017(5):117 - 126.

[196]杨利红,袁鸿超．制度距离对企业海外并购绩效的影响研究:基于海外并购经验、双边投资合作关系的调节作用[J]. 财会通讯,2021(8):67 - 70.

[197]CHO H, AHN H S. Stock payment and the effects of institutional and cultural differences: A study of shareholder value creation in cross-border M&As[J]. International Business Review, 2017, 26(3): 461 - 475.

[198]ZHANG Y, AUSLOOS M. Financial pre-factors for post-performance of cross-border mergers & acquisitions[J]. Journal of Chinese Economic and Business Studies, 2021, 19(2): 147 - 161.

[199]余鹏翼,王满四．国内上市公司跨国并购绩效影响因素的实证研究[J]. 会计研究,2014(3):64 - 70.

[200]FULLER K P, GLATZER M B. Method-of-payment choice for international targets[M]. Gity of Bradford: Emerald Group Publishing Limited, 2003.

[201]史本叶,赵铮．海外并购的融资模式与财富效应:基于A股上市企业海外并购交易数据的实证研究[J]. 东北师大学报(哲学社会科学版),2019(2):139 - 148.

[202]DUTTA S, SAADI S, ZHU P. Does payment method matter in cross-border acquisitions? [J]. International Review of Eco-

nomics & Finance,2013,25:91－107.

[203]顾露露,雷悦,蔡良．中国企业海外并购绩效的制度环境解释：基于倾向配比评分的全现金支付方式分析[J]. 国际贸易问题,2017(12):36－46.

[204]AHAMMAD M F,GLAISTER K W. The pre－acquisition evaluation of target firms and cross border acquisition performance[J]. International Business Review,2013,22(5):894－904.

[205]ZHANG Z,LYLES M A,WU C. The stock market performance of exploration-oriented and exploitation-oriented cross-border mergers and acquisitions:Evidence from emerging market enterprises[J]. International Business Review,2020,29(4):101707.

[206]GUBBI S R,ELANGO B. Resource Deepening Vs. Resource Extension:Impact on Asset-Seeking Acquisition Performance[J]. Management International Review,2016,56(3):353－384.

[207]ZHANG J,HE X,VAN GORP D M. Economic Freedom and Cross-Border Acquisitions from Emerging Markets into Developed Economies[J]. Thunderbird International Business Review,2017,59(3):313－331.

[208]LAWRENCE E R,RAITHATHA M,RODRIGUEZ I. The effect of cultural and institutional factors on initiation,completion,and duration of cross-border acquisitions[J]. Journal of Corporate Finance,2021,68:101950.

[209]GAFFNEY N T. An analysis of the cross－border acquisition behavior of Emerging Market Multinational Enterprises[D]. Ann Arbor:The University of Memphis,2012.

[210]LIAN Z,SUN W,XIE D,et al. Cultural difference and China's

cross－border M&As:Language matters[J]. International Review of Economics & Finance,2021,67:1205－1218.

[211]刘繐,孟勇. 制度距离与我国企业海外并购效率[J]. 经济管理,2019,41(12):22－39.

[212]潘昰,向东静,沈敏. 制度距离、文化差异与中国企业海外并购的短期市场反应[J]. 科学决策,2016(3):10－26.

[213]杨炜炜,叶广宇. 制度距离、整合模式与中国服务业跨国并购绩效[J]. 管理现代化,2020,40(5):20－23.

[214]李强. 制度距离对我国企业跨国并购绩效的影响研究:基于上市公司数据的实证分析[J]. 软科学,2015(10):65－68＋82.

[215]杜晓君,朱园园. 制度距离、信息不对称和国际并购绩效:基于中国上市公司并购案的实证研究[J]. 东北大学学报(自然科学版),2013(10):1504－1507＋1520.

[216]ROTTIG D,REUS T H. Institutional distance,organizational legitimacy,and the performance of foreign acquisitions in the United States[J]. Academy of Management Proceedings,2009(1):1－6.

[217]ROTTIG D. Institutional distance,social capital,and the performance of foreign acquisitions in the United States[Z]. Ann Arbor:ProQuest Dissertations Publishing,2008:263.

[218]DU M,BOATENG A. State ownership,institutional effects and value creation in cross-border mergers & acquisitions by Chinese firms[J]. International Business Review,2015,24(3):430－442.

[219]刘璐,杨蕙馨. 制度距离对中国上市公司跨国并购绩效的影响:国际经验与知识吸收能力的中介作用[J]. 科技进步与对策,2018,35(5):113－119.

[220]张弛,余鹏翼. 制度距离对中国企业跨国并购绩效影响的差异性:基于水平与垂直并购的比较[J]. 国际经贸探索,2017,33(2):44-58.

[221]AHERN K R,DAMINELLI D,FRACASSI C. Lost in translation? The effect of cultural values on mergers around the world[J]. Journal of Financial Economics,2015,117(1):165-189.

[222]DATTA D K,PUIA G. Cross-Border Acquisitions:An Examination of the Influence of Relatedness and Cultural Fit on Shareholder Value Creation in U. S. Acquiring Firms[J]. Management International Review,1995,35(4):337-359.

[223]HUANG Z,ZHU H S,BRASS D J. Cross-border Acquisitions and the Asymmetric Effect of Power Distance Value Difference on Long-term Post-acquisition Performance[J]. Strategic Management Journal,2017,38(4):972-991.

[224]王宛秋,吴文玲. 跨国并购中的文化距离能"缩短"吗?:基于我国上市公司的证据检验[J]. 北京工商大学学报(社会科学版),2015,30(4):93-101.

[225]KEDIA B L,REDDY R K. Language and cross-border acquisitions:An exploratory study[J]. International Business Review,2016,25(6):1321-1332.

[226]LI J,LI P,WANG B. Do cross-border acquisitions create value? Evidence from overseas acquisitions by Chinese firms[J]. International Business Review,2016,25(2):471-483.

[227]BOATENG A,DU M,BI X,et al. Cultural distance and value creation of cross-border M&A:The moderating role of acquirer characteristics[J]. International Review of Financial Analysis,2019,63:285-295.

[228]裴瑱，彭飞．文化距离与中国海外并购绩效：基于跨国并购经验的实证研究[J]．经济经纬，2019，36(5)：72－78.

[229] CHAKRABARTI R, GUPTA-MUKHERJEE S, JAYARAMAN N. Mars-Venus Marriages: Culture and Cross-Border M&A[J]. Journal of International Business Studies, 2009, 40(2): 216－236.

[230] STEIGNER T, SUTTON N K. How Does National Culture Impact Internalization Benefits in Cross-Border Mergers and Acquisitions? [J]. The Financial Review, 2011, 46(1): 103.

[231]李洪，叶广宇，赵文丽．距离产生美：跨国并购中个人/集体主义价值观差异的不对称效应[J]．南开管理评论，2019，22(6)：152－164.

[232]SLANGEN A H L. National cultural distance and initial foreign acquisition performance: The moderating effect of integration[J]. Journal of World Business, 2006, 41(2): 161－170.

[233]AHAMMAD M F, GLAISTER K W. The double-edged effect of cultural distance on cross-border acquisition performance [J]. European Journal of International Management, 2011, 5(4): 327－345.

[234]REUS T H, LAMONT B T. The double-edged sword of cultural distance in international acquisitions[J]. Journal of International Business Studies, 2009, 40(8): 1298－1316.

[235]DIKOVA D, SAHIB P R. Is cultural distance a bane or a boon for cross-border acquisition performance? [J]. Journal of World Business, 2013, 48(1): 77－86.

[236]田海峰，黄祎，孙广生．影响企业跨国并购绩效的制度因素分析：基于2000—2012年中国上市企业数据的研究[J]．世界经

济研究,2015(6):111-118.

[237]刘璐,杨蕙馨,崔恺媛. 文化距离、母公司能力与跨国并购绩效:基于中国上市公司跨国并购样本的实证研究[J]. 山东大学学报(哲学社会科学版),2019(4):55-64.

[238]SUCHMAN M C. Managing legitimacy: Strategic and institutional approaches[J]. The Academy of Management Review, 1995,20(3):571.

[239]KOSTOVA T, ZAHEER S. Organizational Legitimacy under Conditions of Complexity: The Case of the Multinational Enterprise[J]. The Academy of Management Review, 1999, 24(1):64.

[240]戴鑫. 政治合法性与组织合法性理论比较研究[J]. 北京理工大学学报(社会科学版),2010(6):96-101.

[241]ZIMMERMAN M A, ZEITZ G J. Beyond Survival: Achieving New Venture Growth by Building Legitimacy[J]. The Academy of Management Review,2002,27(3):414.

[242]湛正群,李非. 组织制度理论:研究的问题、观点与进展[J]. 现代管理科学,2006(4):14-16.

[243]GUERRERO S. Changes in employees' attitudes at work following an acquisition: A comparative study by acquisition type[J]. Human Resource Management Journal,2008,18(3):216.

[244]KHAN Z, LEW Y K, PARK B I. Institutional legitimacy and norms-based CSR marketing practices[J]. International Marketing Review,2015,32(5):463-491.

[245]HITT M A, PISANO V. The cross-border merger and acquisition strategy: A research perspective[J]. Management Research,2003,1(2):133-144.

[246]LORRAINE E,STEWART R M. Distance matters:liability of foreignness,institutional distance and ownership strategy[M]. Gity of Bradford:Eemerald Group Publishing Limited,2004.

[247]IONASCU D,MEYER K E,ESTRIN S. Institutional distance and international business strategies in emerging economies [Z]. William Davidson Institute at the University of Michigan, 2004.

[248]陈怀超,范建红. 制度距离下中国跨国公司并购与绿地的选择:基于组织合法性的视角[J]. 世界经济研究,2013(12):53－59.

[249]XU D,PAN Y,BEAMISH P W. The Effect of Regulative and Normative Distances on MNE Ownership and Expatriate Strategies[J]. MIR: Management International Review, 2004, 44 (3):285－307.

[250]LI J,XIE Z. Examining the Cross-Border Acquisition Strategy of Chinese Companies:The Moderating Roles of State Ownership and Institutional Transition[J]. Journal of Leadership & Organizational Studies,2013,20(4):436.

[251]BARKEMA H G, VERMEULEN F. International Expansion Through Start-Up or Acquisition: A Learning Perspective[J]. Academy of Management Journal,1998,41(1):7－26.

[252]GEORGIEVA D,JANDIK T. Alternative paths of convergence toward U. S. market and legal regulations: Cross-listing vs. merging with U. S. bidders[J]. Journal of Multinational Financial Management,2012,22(5):230－251.

[253]REDDY K S. Extant reviews on entry-mode/internationalization, mergers & acquisitions, and diversification: Understanding theories and establishing interdisciplinary research

[J]. Pacific Science Review,2014,16(4):250-274.

[254]REDDY R K,FABIAN F. Information Asymmetry and Host Country Institutions in Cross-Border Acquisitions[J]. Management International Review,2020,60(6):909-938.

[255]BOEH K K. Contracting Costs and Information Asymmetry Reduction in Cross-Border M&A[J]. Journal of Management Studies,2011,48(3):568-590.

[256]MUKHERJI A,MUKHERJI J,DIBRELL C,et al. Overbidding in cross-border acquisitions: Misperceptions in assessing and valuing knowledge[J]. Journal of World Business,2013,48(1):39-46.

[257]KANG J,KIM J. Do foreign investors exhibit a corporate governance disadvantage? An information asymmetry perspective [J]. Journal of International Business Studies,2010,41(8): 1415-1438.

[258]REUER J J,TONG T W,WU C. A signaling theory of acquisition premiums: Evidence from ipo Targets[J]. Academy of Management Journal,2012,55(3):667.

[259]江乾坤,杨琛如. 中国企业海外并购溢价决策影响因素实证分析[J]. 技术经济,2015(5):104-111.

[260]李秀娥. 交易成本、制度与中国企业跨境并购模式:基于 Thomson Reuters 数据的实证研究[J]. 亚太经济,2013(4):98-105.

[261]JACKSON G,DEEG R. Comparing Capitalisms: Understanding Institutional Diversity and Its Implications for International Business[J]. Journal of International Business Studies,2008,39(4):540-561.

[262]MEYER M W,BOISOT M. Which Way through the Open Door? Reflections on the Internationalization of Chinese Firms

[J]. Management and Organization Review, 2008, 4 (3): 349 -369.

[263]GHEMAWAT P. The forgotten strategy[J]. Harvard Business Review, 2003, 81(11): 76-84.

[264]ZHAO M. Conducting R&D in Countries with Weak Intellectual Property Rights Protection [J]. Management Science, 2006, 52(8): 1185-1199.

[265]GAUR A S, MALHOTRA S, ZHU P. Institutional Distance as a Source of Arbitrage: Ownership Decisions in Foreign Acquisitions [J]. Academy of Management Proceedings, 2015 (1): 12449.

[266]GAUR A S, LU J W. Ownership Strategies and Survival of Foreign Subsidiaries: Impacts of Institutional Distance and Experience[J]. Journal of Management, 2007, 33(1): 84-110.

[267]HALL P A, SOSKICE D. Varieties of Capitalism: The Institutional Foundations of Comparative Advantage[M]. Oxford: Oxford University Press, 2001.

[268]WITT M A, LEWIN A Y. Outward foreign direct investment as escape response to home country institutional constraints [J]. Journal of International Business Studies, 2007, 38(4): 579-594.

[269]GHEMAWAT P. Managing Differences: The Central Challenge of Global Strategy[J]. Harvard Business Review, 2007, 85(3): 58-68.

[270]CLAUSEN T H. The role of institutional arbitrage in the search for product innovation: Firm level evidence from Norway [J]. Industrial Marketing Management, 2014, 43(3): 392-399.

[271]GOLIKOVA V,KARHUNEN P,KOSONEN R. Internationalization of Russian firms as institutional arbitrage:The case of Finland:53rd Congress of the European Regional Science Association:Regional Integration:Europe,the Mediterranean and the World Economy[C]. Palermo,2013.

[272]BARNEY J. Firm Resources and Sustained Competitive Advantage[J]. Journal of Management,1991,17(1):99 - 120.

[273]AMIT R,SCHOEMAKER P J H. Strategic assets and organizational rent[J]. Strategic Management Journal,1993,14(1):33 - 46.

[274]余光胜. 一种全新的企业理论:上:企业知识理论[J]. 外国经济与管理,2000(2):8 - 10.

[275]GRANT R M. Toward a knowledge-based theory of the firm [J]. Strategic Management Journal,1996,17:109.

[276]CHEN J,JIAO H,ZHAO X. A knowledge-based theory of the firm:managing innovation in biotechnology[J]. Chinese Management Studies,2016,10(1):41 - 58.

[277]NONAKA I,TOYAMA R,NAGATA A. A firm as a knowledge-creating entity:A new perspective on the theory of the firm[J]. Industrial and Corporate Change,2000,9(1):1.

[278]ERDEN Z,KLANG D,SYDLER R,et al. Knowledge-flows and firm performance[J]. Journal of Business Research,2014,67(1):2777 - 2785.

[279]QIU S,LIU X,GAO T. Do emerging countries prefer local knowledge or distant knowledge? Spillover effect of university collaborations on local firms[J]. Research Policy,2017,46(7):1299 - 1311.

[280]ASHEIM B T,COENEN L. Knowledge bases and regional innovation systems:Comparing Nordic clusters[J]. Research Policy,2005,34(8):1173－1190.

[281]PENROSE E,PENROSE E T,PITELIS C. The Theory of the Growth of the Firm [M] . Oxford: Oxford University Press,2009.

[282]TEECE D J. Towards an economic theory of the multiproduct firm[J]. Journal of Economic Behavior & Organization,1982,3(1):39－63.

[283]余光胜．企业竞争优势根源的理论演进[J]. 外国经济与管理,2002(10):2－7.

[284]ACEMOGLU D. 现代经济增长导论[M]. 北京:中信出版集团,2019.

[285]POLANYI M,SEN A. The Tacit Dimension[M]. Chicago:University of Chicago Press,1966.

[286]代明,陈俊,陈景信．知识经济学:50 年回顾与展望[J]. 经济学动态,2016(12):4－13.

[287]蔡进兵．知识转移机制对企业边界变化的影响:一个分析框架[J]. 企业经济,2012,31(10):48－52.

[288]LUNDVALL B. From Economics of Knowledge to the Learning Economy[D]. Georgia Institute of Technology,2008.

[289]韩涛,李从东．企业知识理论视角下的企业进化及其机制研究[J]. 西安电子科技大学学报(社会科学版),2009(3):81－86.

[290]朱彬,朱祖平．企业本质的一个全新阐释:企业知识理论研究[J]. 华东经济管理,2004(5):82－84.

[291]余光胜．一种全新的企业理论:下:企业知识理论[J]. 外国经济与管理,2000(3):10－13.

[292]LI W,WANG C,REN Q,et al. Institutional distance and cross-border M&A performance: A dynamic perspective[J]. Journal of International Financial Markets, Institutions and Money, 2020,66:101207.

[293]NASH R,PATEL A. Instrumental Variables Analysis and the Role of National Culture in Corporate Finance[J]. Financial Management,2019,48(2):385 - 416.

[294]WEST J,GRAHAM J L. A Linguistic—based Measure of Cultural Distance and Its Relationship to Managerial Values1[J]. Management International Review,2004,44(3):239 - 260.

[295]DOW D,KARUNARATNA A. Developing a multidimensional instrument to measure psychic distance stimuli[J]. Journal of International Business Studies,2006,37(5):578 - 602.

[296]LOHMANN J. Do language barriers affect trade? [J]. Economics Letters,2011,110(2):159 - 162.

[297]YE D,NG Y,LIAN Y. Culture and Happiness[J]. Social Indicators Research,2015,123(2):519 - 547.

后　记

本书是作者数年研究成果之总结，研究始于观察企业并购的各项行为及其机制，后来逐渐进入制度理论领域，在此过程中涌现出许多新的思考，最终建立了发展中国家(以中国为代表)企业跨境并购有关的制度理论框架。企业跨境并购行为在发达国家和发展中国家具有明显的不同，制度背景差异是主要原因之一。长期以来，我们在研究领域借鉴了许多西方学者现成的理论，这存在一个要紧的问题，西方学者创造的理论来源于其所处的社会和企业实践，具有很强的制度(包括文化)背景特异性，未必能够适用于其他发展中国家。我国目前在该领域的学术研究就存在这样的问题，一定程度上导致了学术研究和企业实践的脱节，理论对企业实践的指导性较差。建立我们自己的理论体系是本书的主要初衷之一，惭愧的是本书在基础理论方面并未提出新的原创理论，仅对制度套利理论进行了发展，所幸的是本书在上层理论体系构建上具有良好的创造性，完全面向我们自己的社会和企业实践。基于我们自己的实践，本书发现了企业在面对制度距离时还存在相当部分的主动权，这是非常重要的发现。本书成书后，该领域的研究在并购成败方面涌现出新一波研究热情，令人欣慰的是该领域持续受到关注，令人担忧的是目前的理论突破、因素更新仍然较少，笔者对此抱乐观态度，但亦担忧该领域对后续研究者的吸引力下降。

本书在研究过程中最大的困难有两项，一是国内企业跨境并购数据的收集，二是理论分析框架的建立。本研究开始的2015年，那时关于国内企业跨境并购活动的数据库基础设施极不健全，国泰安还没有专门的数据板块，万得数据库仅有有关并购事件的极少变量，国外数据库的可达性较差，并且同样存在变量严重不全的问题，许多数据依靠人力翻阅企业年报获取，十分不易。时至今日，国内的数据库已经取得了较大的发展，研究条件有了较大的改善，但仍不能跟上发展更快的研究的需求，未来可能需广泛借助文本分析等新手段获取数据。本书的理论分析框架经过几年的持续探索，历经三版大的迭代，终于达到目前较为完善的状态，在理论基础、理论框架、论证逻辑方面形成了良好的严谨性、自洽性。除去本书构建的理论体系本身，本书构建动态理论框架的方式以及采用递进式论证逐渐逼近最可能假设的方式可能值得参考。

本书在研究过程中受到诸多学者的帮助，在这里感谢诸位的无私帮助，本人铭记于心。感谢亲人与朋友的理解与支持，使我在漫漫求索之路上免于焦虑压抑。最后，感谢我挚爱的妻子赵丁女士——我人生中最光明的前途。

王朝辉

2023 年 11 月